QUARANTE JOURS
EN ITALIE

LETTRES A MONSIEUR ADOLPHE MAGEN

PAR

GEORGES THOLIN

AGEN
IMPRIMERIE DE P. NOUBEL. — Vᵉ LAMY, SUCCESSEUR

1881

QUARANTE JOURS EN ITALIE

QUARANTE JOURS
EN ITALIE

LETTRES A MONSIEUR ADOLPHE MAGEN

PAR

GEORGES THOLIN

AGEN
IMPRIMERIE DE P. NOUBEL. — FERNAND LAMY, SUCCESSEUR

1886

GÊNES

Florence, 27 février 1880.

Bien cher Ami,

J'ai franchi la frontière et compté déjà quelques-unes de ces longues étapes que la vapeur a rendues si courtes. Il est temps de causer avec vous. Votre amitié l'exige, et je dois être fidèle à la parole donnée. Promettre est facile, mais tenir sa promesse? Vous m'avez demandé des impressions de voyage, ces esquisses légères, ces traits de plume qui sont aux grands ouvrages ce qu'une eau-forte rapidement tracée sur la cire est aux gravures lentement dessinées, plus lentement creusées dans le vif du métal, œuvres patientes du burin et qui doivent être éternelles. Eh bien! l'Italie exige des gravures et je me sens incapable de faire une eau-forte. J'ai promis d'un cœur trop léger et suis prêt à m'en repentir. Le sol que je foule est sacré. Il s'y rattache des souvenirs historiques qui remplissent le monde; là sont réunies des merveilles de l'art que le sentiment peut faire comprendre et admirer à première vue, mais que la science doit analyser et classer; les paysages eux-mêmes ont leur caractère; les sujets d'étude sont infinis.

Et cependant, en quelques semaines, toujours courant de Vintimille à Naples, pourrai-je associer au présent les souvenirs du passé, pourrai-je même bien voir ce qui sera quelques minutes sous mes yeux, bien exprimer ce que j'aurai vu et garder longtemps la mémoire de tant de choses dignes d'être retenues? J'hésite, et je suis tenté de vous dire : lisez et relisez les deux ou trois cents volumes que l'Italie a dictés à nos historiens, à nos artistes, à nos archéologues, à tous les penseurs, à tous les chercheurs armés pour ce voyage. Permettez à votre ami, le plus humble des touristes, de courir la poste à grandes guides et sans souci. N'est-il pas tout heureux de fausser compagnie pendant quelques heures à tous ces compagnons, parfois joyeux mais souvent maussades, les vieux parchemins, ses livres, son encrier et sa plume ?

Et je m'aperçois, au beau milieu de cette plaidoirie, que ma lettre s'allonge. Je suis lancé. Pourquoi laisser en blanc la quatrième ou la dixième page ? Vous me gronderiez. Du reste, j'ai déjà tant de choses à vous dire que je puis empiéter un peu sur les futures causeries. J'ai besoin de vous confier tout d'abord un secret. Je suis quelquefois déçu. Souvent aussi mon attente est dépassée. En aucune façon, je ne saurais tout voir par les yeux de mes deux guides obligés, Bœdeker et ses trois volumes. Du Pays et Joanne et leurs trois autres volumes. En vain ces utiles compilateurs ont consciencieusement résumé, condensé, approuvé, critiqué les trois cents volumes dont je parlais tout à l'heure. Je suis loin de sentir toujours comme ils parlent et de souligner d'une admiration savamment graduée leurs passages décorés d'italiques ou de capitales, accostés d'une étoile, pour dire beau, de deux étoiles, pour traduire le superlatif de beau.

Jamais deux personnes n'ont lu le même livre ni regardé le même tableau. Cette pensée ingénieuse de Mme Swetchine — que j'écorche sans doute pour la forme, car je n'ai pas le texte sous les yeux — cette pensée me revient souvent à l'esprit, tandis que je suis caserné dans cet horizon fort beau mais peu changeant que limitent les Cornières d'Agen et le coteau de l'Ermitage. Elle me hante à toutes les heures lorsque je suis sollicité par tant de sujets nouveaux d'étude.

Non jamais, soyez-en sûr, deux personnes n'ont vu de la même façon cette série de tableaux qui s'appelle l'Italie. Tout voyageur est donc original, dans le vrai sens du mot; pour peu qu'il sache écrire avec sincérité ce qu'il pense, il ajoutera quelques lignes intéressantes à la grande bibliothèque des historiens classiques et des critiques réputés infaillibles.

Dieu me préserve de faire commencer mon voyage aux portes d'Agen et de vous parler de Toulouse, à propos de l'Italie. Tous les Français ont d'abord le devoir de connaître la France. La connaissent-ils bien ?

Après avoir rempli la corvée obligatoire d'Agen à Marseille, en pleine nuit, j'ai dû traverser une zone d'un caractère étrange. Ce pays vaut bien quelques lignes. Il est si différent du nôtre ; il tranche si profondément avec le Midi lui-même : Montpellier, Aix ou Draguignan.

C'est une bande étroite de terre de 120 kilomètres de longueur, de 3 à 8 de largeur, qui commence à Hyères et finit à Vintimille. Partout elle a des frontières naturelles, la mer au sud, un écran de montagnes au nord ; simple coteau qui fait face à notre belle Algérie, et qui semble, à travers la mer immense, lutter avec elle en condensant les rayons du même soleil, en partageant les colorations rouges et les parfums de ses friches, les fruits d'or de ses orangers, les rameaux aigus de ses eucalyptus et de ses palmiers, la végétation grasse de ses aloès et de ses figuiers de Barbarie.

Des paysages de même caractère, décorés par une flore semblable, se prolongent quelque peu en Italie.

Une route classique cotoye ces rives de la Méditerranée. Elle est cintrée comme les golfes ; elle prend d'assaut les caps, qui s'abaissent parfois vers la mer, mais qui grandissent en plein relief dans les terres. Chacune de ces éminences est un admirable observatoire.

Jadis on suivait cette route religieusement, à pied ou bien au pas modéré des chevaux de poste. Alors, chaque ville, chaque montagne laissait un souvenir ; le panorama changeait à tous les contours et le chemin de la Corniche était une bonne partie du voyage en Italie.

Ah ! pourquoi n'ai-je pas la force et la liberté de mes vingt ans ! J'aurais passé là le sac du touriste au dos, la bourse et les jambes légères, mais du moins j'aurais longuement contemplé les grands horizons bleus et je pourrais vous parler du chemin de la Corniche.

La vapeur a tout changé et je ne suis pas du nombre des ingrats qui s'en plaignent. Comme tout le monde, je suis pressé. Laissons-nous éblouir en courant. Parfois cependant on voudrait s'arrêter, se dégager de sa prison: mais la prison marche toujours. Implacable, un démon pousse à la roue, qui décrit ses milliers de tours, tant par heure, tant par minutes. Cent kilomètres vous séparent déjà de la France. La vieille route en plein air, aux horizons féeriques, tantôt se laisse couper par les rails d'acier, tantôt dégage ses longs replis de votre ligne droite qui éventre les montagnes et plonge dans les ténèbres. Cent kilomètres encore! Tout à coup, dans une langue nouvelle, retentit le cri de *Genova*. Vous descendez sur un trottoir vulgaire. Vous avez fait votre premier pas dans la première des grandes villes de l'Italie.

Gênes ressemble à Toulon. Un cirque de montagnes couronnées de forts la domine et l'enserre à moitié. De la mer aux plus hauts sommets, l'horizon aux teintes grises et blanches, les pentes, que voile à peine une flore avare, reproduisent les mêmes effets. Voilà le cadre ; mais il existe aussi des points de comparaison entre les deux villes. Dans la zone que délimitent les anciens remparts, les maisons superposent leurs quatre ou cinq étages et se groupent, si pressées les unes contre les autres, qu'il ne reste nulle part assez d'espace pour un jardin, pour un bouquet d'arbres. Mais Gênes, comme Toulon, comme toutes les grandes villes, a dû franchir un jour les fossés et les murailles. Une seconde ceinture protège des faubourgs où brille le soleil, où de grands espaces luttent encore contre les invasions des chevaliers de la truelle.

Gênes a son grand commerce ; elle affiche avec éclat les fortunes princières de ses trafiquants. Les unes sont récentes, tandis que d'autres, datant de plusieurs siècles, se sont renforcées des plus beaux brevets de noblesse. Rien de pareil ne se voit dans notre grand port militaire dont l'activité se limite aux besoins de la flotte, aux travaux variés de l'arsenal.

Toulon, si favorisé par la nature, dédaigne toute concurrence commerciale avec Gênes et Marseille. Ce fait a lieu de surprendre. Comme si la mer n'était pas assez vaste pour contenir toutes les flottes, des luttes, tantôt pacifiques, tantôt sanglantes, se sont élevées entre les marins des grands ports et le temps rend ces luttes décisives. Ainsi Gênes a triomphé de Pise, sa rivale personnelle, qui, maintenant, sommeille aux pieds de monuments trop vastes pour elle, épaves de sa grandeur déchue.

La loi de sélection, formulée par Darwin, s'applique aux plantes vulgaires, aux grossiers mollusques. Elle régit aussi les hommes. Fatalement le plus faible cède au plus fort, et l'on voit les villes, les nations, les races s'élever tour à tour ou s'abaisser dans les rangs de l'humanité toujours en marche.

Quelques rues, admirablement dallées, divisent les quartiers de

Gênes du côté du nord. Les façades des palais des xvi⁰ et xvii⁰ siècles se déploient à côté de beaux hôtels modernes. Les boulevards de nos grandes villes sont assurément plus longs et plus larges ; ils ont moins de grandeur et l'uniformité les dépare.

Entre ces rues et le port, tout un réseau de ruelles étroites constitue la ville ancienne. Figurez-vous des sentiers entre deux gigantesques courtines. Les fenêtres sont rares et percées inégalement à de grandes hauteurs. Le jour est si faible au ras du sol que des cadres remplis de toile blanche sont tendus obliquement au-dessus des portes pour concentrer les rayons d'une lumière diffuse. Tous ces couloirs, irrégulièrement coupés de carrefours, paraissent desservir une immense forteresse que des barricades compléteraient en quelques heures. Comme dans la plupart des villes d'Italie et de France, les constructeurs du xiii⁰ au xvii⁰ siècle ne posaient pas les trois pierres d'un foyer sans l'arrière-pensée d'avoir à les défendre. Les fureurs politiques se sont déchaînées au pied de ces vieux murs, trop souvent tachés de sang. Ils ont presque tous leur histoire que l'on ne saurait apprendre en courant, en feuilletant les pages trop courtes d'un manuel.

Ces vieux quartiers de Gênes n'offrent aucune des surprises que recherchent les archéologues et les artistes. Pas une tourelle, pas un essai d'ornementation. C'est une masse de murailles à pic, défiant l'assaut par leur hauteur, la mine et la sape par leur épaisseur.

Cependant, à force de chercher au hasard, vous pourrez rencontrer dans les recoins deux églises romanes dont les guides ne font aucune mention. L'une d'elles est abandonnée. Elles ont le même caractère que la cathédrale de San Lorenzo, des assises alternées de marbre blanc et de calcaire bleu. Cette polychromie leur donne un air de parenté avec quelques-unes de nos églises auvergnates du xi⁰ et du xii⁰ siècle. La cathédrale du Puy peut lutter sous ce rapport avec la cathédrale de Gênes, un fort beau monument d'ailleurs. On admire le relief et la riche ornementation de son triple portail, l'escalier grandiose qui rehausse sa façade, la belle colonnade qui divise ses trois nefs et porte un élégant triforium. La grande nef n'est pas voûtée. Nous rentrons par là dans le type des basiliques, qui comporte une simple couverture en charpente, tantôt apparente, tantôt masquée par un plafond à caissons.

Gênes est, comme tout le monde le sait, la ville aux palais de marbre. Je ne vous dis rien aujourd'hui de ces demeures somptueuses.

J'ai étudié les palais de Pise et de Florence ; il me reste à voir ceux de Rome. Je voudrais vous parler de tous à la fois, car ils me semblent avoir entre eux de grands airs de ressemblance.

A Gênes, l'emploi du marbre n'est point limité aux palais anciens. Le simple hôtel où j'ai logé, tout flambant neuf, avec ses quatre étages qui en valent six, est tout paremente de marbre blanc poli. Là-bas, au-delà des horizons visibles, les montagnes de Carrare, toutes ébréchées par des carrières inépuisables, alimentent de nombreux chantiers qui descendent jusqu'à la mer. Or, ce grand chemin des audacieux, la meilleure de toutes les routes, la mer appartient à Gênes comme elle appartient à Venise, à Naples, à Marseille. De tout temps, Gênes a exploité Carrare, aussi facilement que les quartiers neufs d'Agen se sont parés des dépouilles des coteaux de Thibet ou de Condat.

Les matériaux de choix ne sont point seuls employés. Les assises puissantes de marbres ou de calcaire abondent dans toutes les chaines de montagne qui bordent la route de Nice à Florence. On en extrait des blocs de toutes les dimensions, qui peuvent résister pendant de longs siècles à l'effet des pluies et de la gelée. Nulle part je n'ai rencontré des couches analogues à celles qu'on exploite à Paris, en Touraine, ou près de nous, dans une partie de la Dordogne, dans le Lot-et Garonne, à Condat, ou dans la Gironde. Les roches des montagnes de l'Italie ne se débitent pas à la scie et ne volent pas en fine poussière sous le mordant des ciseaux. Après avoir résisté au pic, elles se taillent à petits éclats. On ne peut raboter une corniche, il faut l'inciser, et c'est un grand luxe de couper les étagements d'une façade par des cordons de moulures. On a dû chercher un mode de décoration plus simple ; naturellement on a trouvé. Mais la solution du problème est étrange. Un grand nombre de façades sont décorées par des peintures appliquées sur un stuc bien préparé ou sur une couche de mortier ordinaire.

Depuis Nice jusqu'à Florence, on est saisi par l'aspect original des maisons coloriées en blanc, en jaune, en vert, souvent en rouge avec toutes les variantes d'une gamme qui descend jusqu'au rose pâle. Du reste, beaucoup de façades ne sont pas monochromes. Tout au moins la teinte des boiseries tranche sur le reste.

Il était convenu, du temps de Michel-Ange, que la peinture à l'huile n'était qu'un jeu d'enfant auprès de la peinture à fresque qui se compose de tableaux sans mesures et sans cadres. Nous avons changé tout cela. Mais toujours une école qui veut faire grand a subsisté en Italie. Ses derniers représentants survivent à Gênes ou aux environs parmi les barbouilleurs de murailles. Les uns, découpant chaque étage par bandes horizontales, se livrent à toutes les fantaisies que comportent les plus vastes compositions. Rien ne les épouvante, ni les chevaux qui se cabrent, ni les audacieux raccourcis de personnages mêlés sur tous les plans, ni les effets criards des couleurs fraîches que les eaux de pluie doivent fort heureusement délaver et pâlir.

D'autres, plus modestes, ont la spécialité du trompe-l'œil. Leurs moulures fictives se superposent, en se détachant avec un art singulier. Toutes les gradations de l'ombre sont habilement ménagées. C'est à s'y méprendre en regardant le tout d'un peu loin. Mais restez à la distance voulue. Si la curiosité et le hasard vous font passer trop près, adieu les corniches et les frontons de la Renaissance, les balcons, les arcades et les consoles gothiques. Les lignes se confondent, les ombres détonnent, une plate uniformité remplace les caprices infinis de l'illusion. Les dés sont pipés. Nos grands artistes décorateurs avaient triché.

A ces débauches de corniches peintes se mêlent parfois, à défaut de grandes compositions, de simples épisodes. J'ai vu, sur un mur uni comme une planche, un superbe balcon ingénieusement dessiné. Une Juliette languissante, pensive, était accoudée sur la raie noire qui figurait l'appui de la balustrade. Tout auprès, un charmant jeune homme — pourquoi pas Roméo ? — portant crânement sa toque ornée de plumes, semblait charmé de se trouver perché auprès d'elle. Par quelle route aérienne avait-il grimpé jusque-là ? Devait-il cette bonne fortune à l'échelle de soie ? Demandez-le plutôt au propriétaire qui a dicté ses volontés à l'artiste ou bien à l'artiste qui a enjôlé le propriétaire.

En France, nous ne saurions avoir de maisons peintes. Notre climat, et sans doute aussi notre bon goût, s'y opposent. Nous avons d'ailleurs, presque partout, des matériaux appropriés aux moulures à bon marché. Elles sont tarifées tant par mètre, selon les variantes qui se rencontrent dans l'ordre, le relief, le nombre des baguettes, des talons et des doucines. Cela suffit amplement pour la satisfaction toujours franche, mais pas toujours légitime, de quiconque bâtit quatre murs avec ou sans le secours d'un architecte.

Toutefois, nous avons admis la peinture à l'intérieur des édifices.

Les spécimens de l'art italien ne nous sont pas inconnus : la chapelle du lycée d'Agen et, près de nos frontières, l'église de Duravel (Lot) ont été absolument décorées à l'italienne. Passe pour la chapelle du lycée qui, dénuée de style, n'avait rien à perdre, mais je ne serais pas digne d'écrire une ligne sur l'archéologie, si je n'émettais pas le vœu de voir l'église romane de Duravel dépouillée de son badigeon pseudo-gothique, et si je ne recommandais pas à tous les fabriciens de préserver les églises anciennes du pinceau des barbouilleurs italiens.

J'aurai bientôt l'occasion de voir Pompéï. Cette ville antique ressuscitée, et dont toutes les maisons sont revêtues de peintures à l'intérieur, est pleine de chefs-d'œuvre dont j'ai admiré déjà les imitations et les copies. Rien de commun sur ma route comme les intérieurs d'hôtels décorés de peintures aux tons fortement accusés, aux dessins ingénieux. Là se révèle toute une jeune école qui puise ses inspirations aux sources de l'art antique. Le jour où ceux qui parmi nous aiment le luxe auront compris que le vrai luxe est tributaire de l'art, ils n'hésiteront pas à remplacer les plus jolis papiers imprimés et les lambris de plâtre par des peintures décoratives dans le genre de celles de Pompéï, ou plus simplement encore dans les styles si différents mais non moins originaux de notre moyen-âge français ou de notre Renaissance française.

Les heures que je devais passer à Gênes étaient d'avance limitées et comptées. Las de visiter des palais surchargés d'or et de marbre, il me tardait, ainsi qu'à mes compagnons de voyage, de faire diversion en prenant le grand air et de pousser une pointe dans la campagne. On décida que le Campo Santo serait le but de notre promenade.

De grand matin nous traversions les faubourgs de la ville. La population, debout, au soleil levant, reprenait gaîment son travail. Les bambins curieux poursuivaient notre voiture de longs regards et de cris intraduisibles. Les maisons d'ouvriers avaient une décoration uniforme telle qu'on pourrait la créer pour une fête de lavandières. A chaque fenêtre étaient suspendues quelques pièces du linge de la maison, humides et d'une blancheur éclatante. L'adjectif radieux appliqué par le plus grand de nos poètes au substantif torchon peut être certainement — n'en déplaise aux derniers de nos classiques — une épithète de circonstance.

Ainsi les braves ménagères de cet heureux pays affichent en pleine voirie urbaine un certificat de propreté que certaines raisons, et des meilleures, rendent suspects.

La forme des contrevents où s'accrochent toutes ces nippes est à remarquer. Dans le plein de l'armature du bois, une jalousie, coupée de liteaux obliques, donne une vue plongeante sur la rue. Cette jalousie est mobile et s'ouvre comme un trébuchet. Les Greuses et les Gavarnis modernes trouveraient là cent motifs divers d'un sujet presque toujours grotesque et quelquefois charmant : une tête dans une lucarne.

La route du Campo Santo cotoie une vaste surface creuse où s'amoncellent des cailloux. C'est là, nous dit-on, que passe de temps en temps un fleuve qui, pour le moment, se donnait des loisirs. La vue de quelques ponts me fait croire que notre cocher-cicerone ne nous trompe pas. On voit des rivières toutes pareilles à Nice et sur vingts points de la route d'Italie. Entre les montagnes et la mer, les cours d'eau ont à peine le temps de se former et de disparaître. Ce sont de vrais torrents, auxquels il faut une large place quand ils se mettent en campagne et roulent dans les pentes. L'Arno, qui baigne Florence et Pise, a un tout autre caractère; il vient de loin et marche au but sans se presser. Il est plus bourbeux que le Lot dont il a tout au plus la largeur. Le Tibre est, dit-on, tout aussi modeste que l'Arno.

La vallée qui abrite le cimetière de Gênes est d'un aspect parfaitement approprié à sa destination. Le paysage est triste. Le cyprès pyramidal, quelques rares souches de vignes, des buissons végètent pauvrement sur des pentes dénuées de sol et déchirées par des roches grises.

Le Campo Santo est un immense rectangle clos de hautes murailles, sans jours, qui supportent un appentis incliné jusqu'à l'extrados d'une longue suite d'arcades. Décuplez les dimensions en longueur et en largeur d'un cloître ordinaire et vous aurez la représentation exacte de certains cimetières des grandes villes italiennes.

Cette clôture du Campo Santo de Gênes est toute moderne. Je savais à l'avance qu'on chercherait vainement une seule tombe ancienne parmi les monuments fastueux sur lesquels les grandes familles génoises ont déjà gravé bien des noms depuis trente ans. A l'avance, j'étais peu curieux d'étudier des œuvres contemporaines. Ma surprise devait être d'autant plus grande. Le Campo Santo n'est rien moins qu'une grande exposition de sculpture.

Déjà, en visitant les palais, j'avais constaté qu'à Gênes on fait exécuter sa statue en marbre de grandeur naturelle, tout aussi simplement que nous poserions pour un portrait, dans un temps où les photographies suffisent au plus grand nombre.

Les galeries du Campo Santo n'abritent pas seulement des morts ; on y peut reconnaître des vivants. Une convention singulière est devenue la mode du pays, mode tyrannique dans laquelle la vanité trouve son compte tout autant que l'amour de l'art et le pieux souvenir de ceux qui ne sont plus.

Des concessions à perpétuité fort coûteuses sont données pour des compartiments régulièrement toisés dans l'immense surface des portiques. L'acheteur s'engage à élever à cette place, à l'alignement convenu, un monument de marbre orné de figures. Les proportions naturelles du corps humain sont adoptées presque partout. D'ailleurs il n'est pas interdit de dépasser cette petite mesure de quatre à six pieds. Les génies de la mort, les anges qui veillent sur leurs protégés muets peuvent déployer largement des ailes rattachées à des épaules de proportions surhumaines.

J'ai oublié de m'informer du nombre des concessions déjà données. Les monuments dépassent de beaucoup la centaine — au hasard de mes souvenirs, je parierais pour 300 — et, comme une partie d'entre eux comportent des groupes de personnages, vous devez juger de l'importance de ce musée.

Toutes les compositions étant variées, les artistes avaient plus de cent problèmes à résoudre. Certains sujets leur ont été imposés, comme on fait une commande à son tailleur. Ils ont été autorisés à traiter librement d'autres scènes.

Malgré tout, combien d'écueils où l'art devait sombrer! Il fallait d'abord des portraits ; or, à Gênes, ni plus ni moins que chez nous, les sosies d'Apollon et de Vénus n'encombrent ni les salons ni les mansardes ; et, de même que les modèles n'étaient pas toujours beaux, ils n'étaient pas toujours jeunes.

Autre pierre d'achoppement : le costume moderne, si banal, si étriqué pour les hommes, toujours changeant chez les femmes, sacrifiant le bien pour chercher le mieux, modes irréfléchies comme tous les caprices, parfois admirées dans leur fraîcheur et toujours ridicules quand elles ont trois ans.

Eh bien ! nos sculpteurs italiens en ont pris leur parti. Ils ont fixé dans le marbre ces modes d'un jour et, poussant l'amour du vrai jusqu'à l'héroïsme, ils n'ont point reculé, les braves, devant les rotondités monstrueuses de la crinoline, ce beau sujet de mascarade que l'Europe entière a eu le tort de nous envier. La tournure les a retrouvés toujours fidèles au programme, et, c'est tout dire.

Le Campo Santo n'est point seulement un étalage d'œuvres d'art, un curieux répertoire des modes contemporaines, c'est un vaste champ d'observation, plus riche en contrastes que les danses macabres chères au Moyen-Age. L'imagination des intéressés s'est donnée libre carrière. Ici quelque veuve éplorée, mais bien jeune, pleure son époux. Son image est rivée sur le tombeau. Quel engagement ! Gardez-vous de répéter avec soupçon :

Sur les ailes du temps, la Tristesse s'envole.

Le marbre ne saurait dire un mensonge.

Voici toute une famille groupée autour du lit d'un aïeul mourant, des corps ou des têtes qui s'étagent. Les figures creuses sont animées par un même sentiment d'angoisse et de tristesse.

Ici l'effroi peut-être ou plutôt la pitié soulève le drap qui voile la tête d'un mort au profil fin, émacié, les muscles tendus sur les os, horrible apparition d'une créature qui a déjà franchi le seuil de l'autre monde.

Qui ose frapper à la porte de ce caveau ? Une mère. Elle ne songe plus qu'à rejoindre là, sous une voûte glacée, dans les ombres qui donnent un frisson, son fils, toute sa vie, son fils qu'elle a perdu.

Couchés, agenouillés ou debout, toute une file de personnages drapés, lugubres, vous poursuivent à tous les pas de votre promenade. Çà et là, à travers cette procession de fantômes blancs, on rencontre des bustes superbes, des bas-reliefs élégants, des statues en pied d'un grand caractère. Mais aussi plus souvent le convenu, la mièvrerie, le souci exagéré des menus détails, ou bien, avouons-le, la laideur des modèles ou des costumes déparent ces œuvres. C'est peu de chose que de reproduire exactement la broderie d'un oreiller, les plis brusquement cassés d'une robe de soie ; et cependant ces puérilités séduisent les trois quarts des visiteurs.

Les inscriptions sont, comme dans tous les cimetières, banales ou pleines de vanité, avec toutes les énumérations de titres que la mort vient d'effacer. Parfois aussi la note humaine, le cri de la douleur se fait entendre. De simples lettres gravées sur un cippe peuvent traduire les mêmes sentiments que la partition d'un *Stabat* ou d'un *Miserere*.

J'ai remarqué deux statues de petites filles placées bien au jour sous une arcade. Elles ont leurs jouets, les chères enfants, et des nœuds de rubans retiennent leurs longues chevelures. *A la pauvre petite Louise, morte à l'âge de 8 ans, le...* Sa mère a dicté ces deux lignes et rien de plus. Elle était si jeune Louisette que lorsqu'elle est morte on n'avait pas son portrait. Un sculpteur est venu trop tard et le moulage n'était pas ressemblant. Oh non ! pas ces joues creuses, disait la mère, seulement une petite fossette. Ouvrez les yeux, mettez un sourire à la bouche et je reconnaîtrai ma fille. Eh bien ! le marbre regarde et sourit et, singulier contraste ! le passant est ému.

Povera Luisella !

Nous avons passé deux heures au Campo Santo. Un fossoyeur faisait une longue tranchée dans le vaste quadrilatère où se pressent de simples croix de bois.

Quelques couronnes de feuillages verts gisaient sur les dalles de marbre, mais, pendant ces deux heures, pas un parent, pas un ami n'était venu s'agenouiller sur une tombe.

Cependant les anges de marbre, les génies, les pleureuses immobiles veillaient et se lamentaient comme pour reprocher à nos douleurs éternelles de ne durer qu'un jour.

J'avais à peine franchi la porte du Campo Santo qu'aux idées tristes succédaient des réflexions d'un ordre tout différent. Quelle rapidité et parfois quelles inconséquences dans la succession de nos idées et de nos sentiments ! J'ébauchais une statistique. Je comparais avec Gênes une grande ville française, par exemple Lyon, Marseille ou Bordeaux au point de vue du nombre des ateliers de sculpteurs. J'ai quelque peine à vous le dire ; la France était vaincue. Gênes, à elle seule, doit occuper au moins vingt sculpteurs, dispersés, les uns à Carrare, où l'on peut choisir les blocs et travailler sur place, les autres à Milan qui compte, m'a-t-on dit, une phalange de cent vingt sculpteurs, vaillants, ne craignant pas la peine, quittant l'ébauchoir pour le ciseau, tour à tour artistes et praticiens. Pour trouver chez nous une activité pareille, il faut aller jusques à Paris. Et encore, là-même, à Paris, les sculpteurs sont-ils suffisamment encouragés ? Les plus grands d'entre eux, les maîtres incontestés, ceux qui sont une partie de nos gloires nationales, ces vivants ou ces morts Rudde, Etex, Barye, Carpeaux, Clésinger, n'ont-ils pas eu à lutter souvent contre l'indifférence et même contre des difficultés matérielles, au premier rang desquelles figure la pauvreté ? Il faut des commandes de l'Etat pour soutenir les défaillances de nos plus grands artistes. Les statues, que l'on marchande au prix de revient, sont trop grandes pour nos petits salons. Les types des villas italiennes peuplées de marbre, des cimetières pareils à celui que je viens de décrire font absolument défaut chez nous En France, une vocation de sculpteur exige du courage, entraîne des privations. Les vieillards ainsi que les débutants doivent le savoir. Il me semble que le sort de ces artistes est mieux assuré en Italie.

En fait de sculpture, nous avons d'ailleurs des préjugés. Une ville française veut-elle ériger la statue d'un de ses fils, dont la gloire est consacrée par le temps, ou plus simplement d'un citoyen recommandable par son talent et par des services rendus, des protestations s'élèvent. Il se rencontre toujours quelqu'un pour dire en riant ou pour écrire méchamment que le défunt ne mérite pas autant d'honneur et que nous prenons la manie des statues. Nous sommes bien loin cependant de mériter ce reproche frivole. Il s'en faut que nous ayons fixé par des œuvres d'art tous nos grands souvenirs historiques ou les témoignages mérités de notre reconnaissance.

Quelle différence en Italie ! Florence, que je parcours en ce moment, compte à elle seule cinquante fois plus de statues que tout le département de Lot-et-Garonne. Où serait le mal si Agen possédait des statues des Scaliger, de Bernard Palissy, de Monluc, du maréchal d'Estrades, de Montesquieu, ce dernier, le plus grand de tous, qui est né hors de nos frontières, c'est vrai, mais dont les ancêtres sont Agenais.

Je m'égare, bien cher ami, en voyageant de Gênes à la Brède. Avouez que j'ai tenu plus que ma promesse. Les lignes superposées dans ce courrier ne se comptent plus. Vous aurez fort à faire pour déchiffrer ce grimoire.

Je vous quitte pour faire une troisième visite au Musée des Offices.

Quel plaisir nous aurions à étudier ensemble les chefs-d'œuvre accumulés dans ces galeries! Si vous étiez là, j'y pense chaque jour, nous tâcherions de débrouiller un peu ces admirables séries de la peinture italienne du xiv° siècle au xvii°. Faute de préparation suffisante, faute de guide, faute de temps, je m'y perds.

Et cependant, dans ma prochaine lettre, il faudra bien que je vous dise quelques mots de ces merveilles rapidement entrevues.

Je viens de relire ces pages et je suis presque honteux de la forme qu'elles ont prises. Des pronoms détestables, le je, le moi y reparaissent à chaque ligne. Que votre amitié me pardonne. J'ai voulu vous exprimer des impressions personnelles plutôt que de vous faire le récit suivi de mon voyage, et les impressions personnelles hélas! c'est le moi.

Je vous demande encore pardon et suis tout à vous.

PISE. — FLORENCE.

Rome, 2 mars 1880.

Bien cher ami,

C'est à Rome que je rédige mes notes sur Florence. J'ai consacré dix jours à cette dernière ville. Auparavant j'avais étudié les monuments de Pise dans une halte trop courte. Je vais fixer un peu mes souvenirs, en reprenant le récit de mon voyage.

Chaque ville italienne a deux ou trois aspects. On y retrouve quelquefois des restes de la cité antique, souvent les souvenirs d'une petite capitale fière, libre et riche au Moyen-Age. Ces vieilles villes ont aussi leurs quartiers modernes, aux types uniformes à la mode par tous pays. C'est l'œuvre des parvenus ou des spéculateurs. Il a fallu plaire aux Anglais. C'est pour eux que l'on bâtit; c'est en leur honneur que l'on a doublé les prix dans les hôtels. On trouve des Anglais en station d'hiver à Pise. Les chevaux anglais ne sont pas rares sur les belles promenades de Florence. On m'assure que je n'en verrai pas moins sur les boulevards de la Chiaja de Naples. Tout ceci intéresse peu ceux qui cherchent en Italie autre chose que des habitations dépourvues de style mais pleines de comfort, des équipages à la dernière mode et des types étrangers.

Pise est une ville indolente, baignée de soleil, à peine égayée par le va-et-vient d'étudiants moins tapageurs peut-être que leurs émules de Bordeaux ou de Toulouse.

L'ancienne rivale de Gênes est bien morte. Les éléments ont aussi combattu contre elle; son port, devenu désert, est envahi par les sables. Toutefois la décadence n'a pas été si brusque que la splendeur ancienne en soit toute éclipsée. On voit à Pise des palais construits du xve au xviie siècle. Les rues de la ville, bien aérées, ont toutes un bon air de vieille bourgeoisie. De petits rentiers doivent loger à tous les étages. On fait peu de bruit sous les arcades où s'est réfugié le commerce, une longue rue qui rappelle avec plus d'élégance nos *Cornières* d'Agen. Çà et là, dans tous les quartiers, des églises romanes étalent leurs façades couronnées d'un fronton triangulaire et projettent à une faible hauteur leurs campaniles carrés. Elles ont de jolis portails, quelques métopes décorées de faïences, ni plus ni moins qu'une mosquée. Elles réclameraient une description que je ne saurais vous faire en restant dans les bornes d'une simple lettre.

Je vous conduis sans plus de retard hors de la ville, dans ce rayon de cinq à dix hectares où sont groupés au milieu d'un isolement qui a lieu de surprendre tous les grands monuments : le dôme ou cathédrale ; son campanile, la tour penchée ; le baptistère et le Campo Santo.

La cathédrale est un beau type de basilique à cinq nefs, avec chœur et transsept flanqué de bas côtés et pourvu d'une coupole centrale, c'est-à-dire avec toutes les modifications que le plan primitif des basiliques romaines a subies à travers les âges. Je vous en reparlerai. Après avoir visité toutes les basiliques de Rome, je pourrai vous dire tout ce que je sais sur les églises de ce genre, qui tiennent encore à bon droit le premier rang dans l'histoire de l'architecture religieuse en Italie.

Quelques détails à signaler en passant. Les colonnes de la cathédrale de Pise sont pour la plupart antiques. Là se rencontrent groupés les débris de vingt temples et d'innombrables villas : des chapiteaux de tous les styles classiques — le corinthien domine ; — des fûts de tous les modules, généralement d'une seule pièce. Le porphyre, le granit, les marbres de toutes provenances y sont combinés avec un art d'assemblage qui fait honneur aux architectes. Les disparates de la couleur et des proportions s'effacent dans un ensemble harmonique. Est-ce de l'histoire ou bien une légende ? On dit que, dans le temps où s'élevait la cathédrale, tout patron de navire pisan tenait à honneur de rapporter à chaque voyage une pierre pour l'édifice. Cette pierre était parfois une superbe colonne, tirée de ces amas de ruines si nombreux hélas ! qui représentent la civilisation disparue du Sud et de l'Orient.

Des faits pareils ne sont pas rares en Italie. Près de Florence, l'intéressante basilique de San Miniato a emprunté ses plus riches ornements aux édifices païens. A Rome, les dépouilles opimes des monuments antiques ont servi de parure aux monuments de la religion nouvelle. On a détruit pour construire. On a pris possession de toutes les pierres entassées par le vieux monde. Dans le Panthéon se dresse un autel. La croix domine les obélisques. Les spirales de la colonne Trajane et de la colonne Antonine déroulent encore leurs bas-reliefs pleins de trophées, de luttes épiques et de victoires, mais au sommet se profilent les statues étonnées de Saint-Pierre et de Saint-Paul. On a tout fait pour mieux célébrer le triomphe de la Rome chrétienne sur la capitale du monde païen.

Jupiter, Apollon, Mars, la chaste Diane et l'impure Vénus, tous les dieux de l'Olympe ont payé leur tribut à la loi nouvelle. Les basiliques sont élevées sur les ruines et souvent avec les débris de leurs temples.

Il serait hors de propos de déplorer ces transformations et d'accuser de vandalisme les architectes romains ou pisans du XIII° ou du VI° siècle. Les quinze dernières générations ont suffisamment respecté les monuments antiques pour qu'on hésite à plaider un procès contre les barbares lettrés ou ignorants du Moyen-Age italien.

L'aspect extérieur de la cathédrale de Pise ne répond à aucun des souvenirs que peuvent laisser les églises françaises. Le chœur est d'une belle architecture. La façade me faisait juger pour la première fois ce système de placage en marbre alterné blanc, noir ou bleu foncé dont on a beaucoup abusé surtout à Florence. Le défaut capital de ce mode de décoration est de détruire les effets architectoniques. L'ébrasement des fenêtres, les lignes horizontales, les profils larges des corniches, les lignes perpendiculaires des montants et des colonnades perdent tout leur relief par l'effet du contraste brutal de de cet assemblage de pièces noires et blanches. Les détails et le miroitement d'une gigantesque mosaïque l'emportent sur les combinaisons savantes des architectes, qui ont vainement tenté d'accuser leur plan par des gradations et des saillies, par le jeu de l'ombre et de la lumière.

La façade du dôme de Pise, où les étages décorés d'arcades sont trop multipliés, — il n'y en a pas moins de cinq, — perd beaucoup à cette décoration. Tout l'extérieur de la cathédrale de Florence (dont la façade est en construction) est déparé par cette polychromie, qui vise à la richesse et qui reste simplement riche sans être monumentale.

Le campanile de Florence, haute tour carrée isolée, échafaudant ses grands étages chargés de pleins cintres et de gables aigus, souffre davantage encore des tons heurtés de cette marqueterie. On a peine à distinguer les savants contours et l'admirable proportion de ses cordons de moulures. Dans son état actuel, la tour de Saint-Jacques-La-Boucherie, à Paris, d'un tout autre style, rappelle un peu le clocher florentin par ses proportions et son étagement. Il me semble que la pierre grise dont elle est parementée la fait mieux valoir que si elle avait reçu des placages de marbre poli.

J'ai empiété sur Florence en parlant déjà de son dôme et de son campanile; ce n'est pas sans motif. On peut comparer ce clocher avec la fameuse tour penchée, où sont toujours suspendues les cloches de la cathédrale de Pise. En Italie, les beaux clochers sont rares, à ce point que les 389 églises de Rome n'offrent pas un seul campanile remarquable. Raison de plus pour étudier avec soin le monument le plus populaire parmi ceux qui illustrent la cité de Pise.

La réputation de cette tour lui vient d'un accident qui la déforme. Il en est des édifices comme des hommes, qui souvent provoquent l'attention par leurs défauts plutôt que par leurs mérites. Une tour penchée ! Beau sujet de théorie sur le centre de gravité. On oublie de dire que la tour serait très belle si elle n'était pas penchée.

Elle est de forme ronde, ce qui constitue une grande rareté par tout pays. Elle a huit étages, dont six sont ajourés par des arcades plein cintre reposant sur 25 à 30 colonnes et coupés par des cordons d'un profil très pur. Cette armature extérieure, toute pénétrée par la lumière, s'applique sur une seconde tour aux murailles massives. Le relief des arcatures est si considérable que l'effet des assises alternées, blanches et noires, en est atténué. D'ailleurs, le marbre n'y est pas employé en placage et n'est pas poli à outrance. Taillé en moellons de moyen appareil, il forme un loyal et solide revêtement. L'escalier, placé à l'intérieur, correspond avec toutes les galeries.

L'étage supérieur est en retraite sur les autres. Cette transition entre les deux lignes perpendiculaires n'est pas suffisamment ménagée et le dernier anneau de la chaine, trop bas à la fois et trop étroit, n'est pas en rapport avec le reste de l'édifice.

Les deux cents chapiteaux qui entrent dans la composition des arcades appartiennent généralement au style corinthien ou composite. Un autre type fréquemment employé consiste en corbeilles ornées de feuilles grasses dont la pointe fait crochet. Ce modèle remonte à l'antiquité. J'ai vu des chapiteaux pareils sur un arc de triomphe près du Forum romain (celui de Constantin, si mes souvenirs sont exacts). C'est une des formes les plus usitées dans notre région à la fin de la période romane.

La tour penchée aurait été fondée en 1174 et terminée au milieu du xiv° siècle ; le dôme, commencé en 1063, n'aurait été achevé qu'au xiii° siècle. Je vous donne, d'après mon Guide, ces dates que je n'ai pu vérifier.

Le baptistère, construit sur un plan circulaire, est couronné par une coupole. Je le comparerai tout de suite à celui de Florence, plus ancien et de forme octogone. Pour la justesse des proportions, le baptistère de Pise est de beaucoup supérieur à l'autre, car sa hauteur et sa largeur sont en parfaite relation.

La coupole est accusée à l'extérieur. Ses trois étages sont découpés par des arcades en plein cintre surmontées (dans les deux étages supérieurs) de gables à angle aigu de style gothique. Une telle alliance des formes les plus opposées blessera tous ceux qui apprécient avant tout l'unité de style, ce mérite qu'offrent rarement, en Italie comme en France, les édifices dont la construction a duré plusieurs siècles.

Le baptistère de Florence, trop bas, écrasé par une toiture plate à pans coupés, est décoré plus sobrement d'arcades à plein cintre qui seraient d'un grand effet, si les marbres blancs et les marbres noirs n'en troublaient par leur juxta-position l'heureuse ordonnance.

Les baptistères de Pise et de Florence sont de simples annexes des cathédrales. Ils n'en renferment pas moins des chefs-d'œuvre de premier ordre. Dans l'un, c'est la chaire de Nicolas de Pise, du xiii° siècle, aussi belle que les bas-reliefs antiques, en avance de deux cents ans sur la statuaire française ; dans l'autre, les portes de bronze de Ghiberti, que je suis allé voir quatre jours de suite et qui n'ont point fatigué mon admiration.

Je ne saurais me proposer, cher ami, de refaire, après tant d'autres la description des chefs-d'œuvre de la sculpture et de la peinture qui abondent à Florence et à Rome. Vous le savez, d'ailleurs, un bas-relief, une fresque, une statue ne peuvent se décrire. Théophile Gauthier lui-même, dont l'écritoire était une palette, a dû sentir souvent son impuissance à interpréter, au profit de ses lecteurs, à leur faire voir un tableau, moins encore, un simple objet d'art.

La tâche est rude, en vérité. Une photographie bien faite en dit plus long qu'une page du meilleur style. Et la photographie même, si belle avec ses proportions justes, ses lignes correctes, ses ombres graduées, la photographie ne saurait tout dire : la couleur lui manque. Espérons que la belle découverte de nos compatriotes et amis, MM. Ducos portera ses fruits. La photographie va se parer de toutes les teintes du prisme que mesure et répartit le soleil et qu'un art délicat sait associer et combiner pour charmer le regard. Le temps est proche où l'on pourra faire le voyage d'Italie en chambre. Quel plaisir de feuilleter les albums des musées de Florence et des fresques du Vatican ! Nos arrières-neveux auront ce bonheur. Laissez-moi changer la rime et la raison d'un vers célèbre et vous dire :

Je suis venu trop *tôt* dans un monde trop *jeune*.

Vous allez sûrement me reprocher d'avoir, à l'imitation des grands politiques, exposé une théorie pour déguiser une excuse. Ainsi fait-on quand on se sent incapable d'apprécier à sa haute valeur et de décrire la magnifique décoration du *Campo Santo* de Pise. Je vais donc simplement vous faire entrevoir ces monuments d'un coup d'œil rapide.

Les galeries du Campo Santo de Pise, toujours conçues suivant le type des cloîtres, sont hautes et larges. Une robuste charpente les abrite. Le mur de clôture intérieur est tout ajouré par de grandes arcades gothiques, ornées de meneaux et garnies de remplages. Une lumière éclatante vient frapper les parois opposées complètement revêtues de fresques. C'est une série des plus intéressantes pour l'histoire de la peinture, et dont l'étude, précédée d'une longue préparation, demanderait, non pas un jour, mais un mois de contemplation sérieuse.

Ces œuvres grandioses sont de plusieurs époques et de plusieurs mains. Certains panneaux sont attribués à Giotto. Benozzo Gozzoli, un élève de Frà Angelico, serait l'auteur de vingt-quatre sujets, toute une bible illustrée. Ces œuvres, d'un caractère si différent, représentent peut-être autant d'efforts, autant de patience que les six mille tableaux exposés par quatre mille peintres à notre Salon de 1880. Là figure *Le Jugement dernier*, d'Orcagna, d'une conception grandiose, à la fois réaliste et mystique, et d'une exécution rude, à grands traits, presque barbare. Les qualités et les défauts du Moyen-

Age se retrouvent également exagérés dans cette création qui s'impose malgré tout aux plus indifférents. On cesse d'être distrait quand on passe devant cette grande composition, qui a pour pendant *Le Triomphe de la Mort*, œuvre de la même main et du même esprit.

A ce propos, une réflexion bizarre me passe par la tête. En étudiant ces fresques archaïques, j'ai fait une découverte que des observations de plus en plus nombreuses tendent à confirmer. Etre archéologue, ce n'est point du tout, comme on le pense, une spécialité. On vous a dit certainement bien des fois : vous êtes archéologue ; comme on dirait : vous êtes notaire. Eh bien ! il faut en rabattre et j'en suis charmé. Tout le monde fait de l'archéologie comme M Jourdain faisait de la prose. J'en appelle à toutes les Anglaises. Les touristes que je coudoie sans cesse en Italie, s'intéressent à tous les monuments, même les plus imparfaits, qui méritent une page dans l'histoire de l'art. Tout architecte, tout peintre, tout sculpteur est remis à son rang dans cette série de laborieuses étapes qu'il a fallu parcourir depuis la décadence. Ni les vieilles mosaïques qui encadrent la tête monstrueuse d'un Dieu à l'aspect farouche, ni les Vierges rigides de Cimabüe et de Giotto, ni les caricatures projetées sérieusement sur tous les plans du *Jugement dernier* de Pise ne sauraient encourir leur critique. On demande à chacun ce qu'il a pu donner, rien de plus, et c'est justice. On se fait byzantin avec les byzantins ; on comprend toutes les difficultés ; on tient compte de tous les efforts, de tous les progrès. Un artiste fait-il un pas en avant, on applaudit. En un mot, tout le monde, à l'occasion, devient archéologue. Je vous dis cela, cher ami, parce que nous sommes personnellement intéressés l'un et l'autre à constater ces bonnes dispositions de l'esprit public. C'est ainsi, croyez-le, qu'on finira par comprendre et pardonner nos belles passions pour les poteries samiennes et les chapiteaux du Moyen-Age. De plus en plus l'archéologie s'insinue dans le vaste programme de l'instruction publique qui commence par l'alphabet et la pratique de l'addition, et qui finit par X, l'inconnu, — ou plutôt qui ne finit pas.

Excuserez-vous cette mauvaise habitude de couper les récits. Je vous avais conduit au Campo Santo, puis je vous ai détourné du chemin. De Rome, je fais encore l'école buissonnière à Pise et même un peu partout. Si je continue à bavarder à tous les carrefours, à regarder tous les clochers, je n'arriverai jamais à Naples. Et le plus effrayant c'est que je cause la plume à la main. Mes trois ou quatre lettres vont prendre de grands airs d'in-folio.

Pour rattraper le temps perdu, allons vite à travers ces galeries du Campo Santo où des sculptures restent à voir. Des statues antiques, des sarcophages des premiers siècles de notre ère, des bustes, des fragments d'architecture y sont accumulés en grand nombre. En partageant ces magnifiques épaves, on ferait la fortune de deux ou trois musées comme le nôtre. Mais tout cela réuni n'est pas la cinquième partie du musée du Capitole ni la vingtième partie des musées du Vatican. Et voilà pourquoi nous passons vite, non pas encore à Rome, à Florence.

Florence, la patrie naturelle ou adoptive d'un si grand nombre d'artistes de premier ordre, a conservé la majeure partie des œuvres de sculpture de Donatello et de Michel-Ange et des peintures de Frà Angelico et d'Andrea del Sarto.

Je m'arrêterai à ces quatre noms, ne songeant pas le moins du monde à commenter les énormes catalogues du musée des Offices et du palais Pitti.

Donatello a puisé ses inspirations dans le pays même. La maigreur osseuse d'un corps aux proportions justes, la finesse et l'animation des traits du visage, voilà ce qu'il excelle à rendre. Ses modèles sont de la race toscane, dont le type n'a point changé. Ses statues ne sauraient être comparées aux antiques ; elles sont moins pures de ligne, mais elles respirent la vie et la passion. Les mêmes caractères sont communs à la vieille école florentine, à ses marbres, à ses bronzes.

Tout un sanctuaire est consacré au grand Michel-Ange ; c'est la chapelle des tombeaux des Médicis à San Lorenzo. Avant d'y pénétrer, on visite une première chapelle, dite des Princes, où se trouvent d'autres tombeaux de la même famille. On n'y voit que placages de marbres précieux, sarcophages de porphyre, mosaïques perdues dans les grandes surfaces bariolées des couleurs crues et violentes, rouges, vertes, jaunes, que peuvent fournir des échantillons fort rares d'un carbonate de chaux bien choisi, bien poli. Cette folie a coûté 23 millions, il y a trois siècles.

Elle peut fixer une minute l'attention et ferait à coup sûr la fortune d'un musée géologique. Je donnerais trois fois la chapelle des Princes pour la statue du *Penseur*.

On attribue à Michel-Ange la décoration de la chapelle que ses œuvres immortalisent. Tout le fond est d'un blanc grisâtre ; des pilastres d'un faible relief et des moulures très simples encadrent les niches qui abritent les statues principales à demi rejetées dans l'ombre. Je ne saurais vous dire quelque chose de nouveau sur des chefs-d'œuvre universellement admirés et cent fois décrits ; mais, après avoir consacré cinq heures à l'étude des fresques de la Chapelle Sixtine, j'oserai bien timidement exprimer ma pensée au sujet de la double influence que Michel-Ange, peintre et sculpteur, a exercé sur l'école italienne. Je répéterai peut-être à mon insu ce qui a été constaté une fois ou cent fois. Mon ignorance fera pardonner un plagiat apparent. Ce n'est pas, d'ailleurs, un mal de penser comme tout le monde. Le sujet est à la fois si grand, si complexe, si épuisé, que je pourrais être également accusé d'audace ou de pédantisme. Alors, excusez-moi, je suis audacieux sans vaine suffisance ou pédant en toute naïveté.

La décadence des arts a commencé en Italie aussitôt après Michel-Ange : c'est un lieu commun. Il paraît non moins démontré que la prétention d'imiter Michel-Ange est une des causes principales de cette décadence. Eh bien ! il me semble impossible que l'étude de chefs-d'œuvre tels que ceux qui décorent les tombeaux des Médicis ait pu faire oublier aux sculpteurs les saines traditions de l'art : la simplicité et la pureté des formes, la grâce des attitudes, la justesse dans le mouvement. Les statues de Laurent II et de Julien II de Médicis et les allégories d'un choix un peu arbitraire qui les accompagnent — *Le Crépuscule, l'Aurore, le Jour, la Nuit* — pourraient être signées par des artistes grecs du siècle de Périclès.

Il est vrai que d'autres compositions de Michel-Ange sont plus tourmentées : les *captifs*, un des fleurons de notre musée du Louvre le Moïse lui-même accusent la recherche, l'intention de faire valoir les muscles. Mais il n'y avait pas là de quoi faire dévier toute une école.

La véritable cause de la décadence est plutôt l'imitation par les sculpteurs de la fresque la plus étonnante qui existe au monde, *Le Jugement dernier*. Tout ce qu'on peut imaginer de passions déchaînées, traduites par des poses violentes et des [raccourcis audacieux, se rencontre dans cette page qui défie l'analyse des moralistes aussi bien qu'elle domine les théories souvent si étroites des artistes et des critiques.

Comment dépeindre le tumulte de la résurrection qui précédera le Jugement dernier : la surprise des morts rendus à la lumière ; la terreur des uns qui, pour ne pas entendre l'arrêt inévitable, voudraient se replonger dans les entrailles de la terre ; la confiance des autres, mêlée de doute, car les justes eux-mêmes doivent trembler ; toutes les passions nées de la crainte ou de l'espérance portées à leur paroxysme ? Cet instant est solennel entre tous, qui sépare la terre du ciel et de l'enfer, et le temps de l'éternité. Le dénouement de tous les drames, de toutes les comédies va se jouer sans masques et sans cothurnes. Toute gloire de ce monde, toute grandeur n'est rien.

Au-dessus de la foule épouvantée, placez Dieu terrible et fort, descendant du ciel et, de la nue où il s'assied, s'apprêtant à juger la terre, sans haine ni miséricorde. Projetez des clartés ou des ombres étranges dans la masse humaine qui grouille, tourbillonne, essayant de monter jusqu'à lui, fuyant éperdue, se groupant pour chercher un aide, se dispersant faute d'appui, s'abîmant à ses pieds. Quelle scène à rêver ! Elle est traduite : c'est *Le Jugement dernier*, de Michel-Ange, une vision de Pathmos devenue palpable, Dante condensé en quelques lignes. Regardez et vous pourrez lire et comprendre dans les courtes secondes qui séparent deux clins d'œil.

Les partisans du symbolisme à outrance, des règles byzantines applicables à perpétuité depuis le ve siècle jusqu'au xvie, au xixe, jusqu'au l^e siècle n'ont jamais pardonné au plus grand des peintres d'avoir secoué les vieilles traditions. Ils produisent pour justifier leurs petites théories beaucoup de raisons médiocres avec quelques autres qui sont acceptables. Il est vrai, la bonté de Dieu — à laquelle il faut croire avant tout — ni la confiance des justes n'apparaissent point dans grande scène de terreur de la Chapelle Sixtine. Mais le Jugement dernier ne doit-il pas avoir plusieurs actes ? Nous sommes au premier, la résurrection des hommes et l'apparition de Dieu. Les arrêts ne sont point tous rendus à cette heure qu'a saisie Michel-Ange, d'une Cour d'assise établie sur les ruines du monde, une Cour qui n'a pas de jury mais un seul juge, quelques assesseurs, des anges et, pour accusés, l'humanité tout entière.

On devait accepter le *Jugement dernier* pour ce qu'il était, comme une œuvre vraie, très vraie, d'une vérité saisissante et d'un art infini, capable de désespérer l'admiration et de défier la critique; surtout, on devait renoncer à jamais à le copier.

Bien au contraire, on l'a copié à outrance, sans répit, absolument à contre-sens. Toute la statuaire italienne des xvii° et xviii° siècles est issue de cette fresque. On a refait en marbre, sous tous les aspects, non point l'œuvre sculptée de Michel-Ange, qui est sobre, forte et grande, mais une seule de ses peintures. J'ai *perdu* beaucoup de temps, depuis Gênes jusqu'à Rome, à regarder des milliers de statues qui ont toutes un air de parenté dans les mêmes défauts. Elles expriment des extases qui ressemblent à des supplices, des prières qui ressemblent à des menaces, des contorsions dans le mysticisme; elles rendent des efforts de lutteur butés à la récitation d'un rosaire. Cheveux dénoués, toges et robes flottant au vent, les saints et les saintes, inquiets dans leurs niches; les héros de la fable ou de l'histoire, mis au pilori sur leurs piédestaux ; les dieux de l'Olympe, trépignant sur leurs trônes, tous paraissent descendre des rangs tumultueux des ressuscités de la Chapelle Sixtine. C'est faux, très faux et fastidieux. Les églises italiennes, les villas, les places publiques, même les fontaines sont infestées, empoisonnées de ces œuvres de la décadence. Ce malentendu, ces aberrations du goût ont duré deux cents ans. Le Bernin a fait dix mille fois maudire Michel-Ange ; il l'aurait tué si Michel-Ange pouvait mourir.

Supposez-vous nos poètes jusqu'à l'an 2080 n'ayant d'autre souci que d'imiter le plus grand de nos poètes français, Victor Hugo; nos arrières-neveux pourraient douter de l'art et de l'inspiration. Ils feraient bien de relire les œuvres du maître, de fermer les autres livres et de se boucher les oreilles.

Michel-Ange a inspiré aux sculpteurs de nos jours des imitations mieux comprises. Le directeur de notre Ecole des Beaux-Arts, M. Dubois, après avoir beaucoup étudié les œuvres de l'ancienne école florentine, a tenté d'aiguiser le ciseau de Buonarotti pour tailler les figures épiques du tombeau du général de Lamoricière. Il n'a point fait de froides copies. Il s'est assimilé les qualités du maître en restant lui-même. Il a certainement imité de moins près *le Penseur* que les Italiens n'ont reproduit les personnages du *Jugement dernier*. Aussi lui devons-nous des chefs-d'œuvre.

Il est bien heureux, cher ami, que je ne rédige pas un mémoire académique. Étant admis le genre, qui exige des transitions sinon logiques, du moins ingénieuses, j'aurais à refondre toutes les pages qui précèdent. Mais c'est une lettre que je vous adresse et je puis vous promener entre Rome et Florence, vous écrire comme on parle, à bâtons rompus. Une lettre, c'est peut-être une image plus vraie de la vie commune et des voyages extraordinaires que les narrations classiques et les discours solennels. Aurait-on par hasard trouvé une transition légitime entre un souper et une lecture? Et pourtant, il nous arrive tous les jours de souper et de lire. Nous vivons dans un pêle-mêle obligé de besoins matériels, de travaux et d'idées à choisir ou à subir. D'une minute à l'autre tout varie brusquement au dedans de nous et autour de nous et souvent rien ne se ressemble dans nos journées.

Je m'autorise de cette liberté si commode du désordre épistolaire pour vous ramener sans plus de préparation à Florence. Entrons ensemble au couvent de San-Marco.

Les monastères italiens sont de prodigieuses expositions de peintures. La chapelle, les cloîtres, — il y en a quelquefois deux ou trois, — le réfectoire, les cellules tout est couvert de fresques. Pénétrez dans la bibliothèque et feuilletez les manuscrits. Partout des merveilles : des encadrements d'arabesques et de feuillages, des initiales fantaisistes, des tableaux dans une miniature. Voilà les œuvres de plusieurs générations de moines. Leur vie se partageait entre la prière, dictée par l'amour de Dieu, et un autre amour, celui de l'art et de la science.

Les noms d'un grand nombre de ces peintres, de ces auteurs, de ces copistes, les uns inspirés, les autres simplement patients, sont bien souvent ignorés. Nul dictionnaire des anonymes ne fera jamais l'histoire d'une cathédrale française ni d'un couvent italien. De grands savants, de grands artistes ont pu souhaiter l'oubli, ajoutant un dernier sacrifice à tant d'autres, abdiquant la vanité, triomphant de l'amour-propre qui nous tient comme le cheval tient le cavalier. A la honte des autres hommes, leur modestie n'a pas été trahie. Ils ont trouvé l'oubli.

Et cependant il est arrivé que cette prison volontaire n'avait pas toujours de clôtures assez fortes pour protéger les hommes de génie contre le rayonnement de leur gloire et l'entraînement de leur prosélytisme. Le talent mystique de Frà Angelico, l'éloquence passionnée de Savonarole, ne pouvaient contenir ni s'éteindre entre ces hautes murailles de San-Marco. A ce dernier, il fallait les auditoires pressés et frémissants des basiliques et des places publiques. L'autre, qui précéda Savonarole, vivait de contemplation. Sans doute le tumulte des rues de Florence n'aurait pu l'émouvoir. Il fixait ses regards sur le ciel immuable, ne les abaissant vers la terre que pour y chercher ce qui rappelait la patrie d'en haut. C'est l'ange de Fiésole.

Ainsi, deux grandes figures de moines ont apparu, durant le même siècle, dans le même couvent. L'un, mort en 1455, semble résumer et clôre le Moyen-Age ; l'autre Jérôme Savonarole, étouffé sur un bûcher, en 1498, tient par certains côtés au Moyen-Age ; sous d'autres rapports, il ouvre l'ère moderne, il pourrait être notre contemporain. Pas plus que son prédécesseur, il ne doute du ciel. Sa foi catholique est ardente. Mais, avant tout, c'est un homme d'action. En attendant le repos éternel, il vit ; et, pour peu qu'on ait le sentiment de sa faiblesse ou de sa force, on sait que la vie est un levier à soulever tout simplement quelques sillons de terre ou parfois tout un monde.

Au temps de Savonarole, comme au xvie siècle en France, comme de nos jours, comme à toutes les grandes époques, les idées opposées roulent par le monde, entraînant les hommes dans leurs orbites. La loi morale est immuable, mais tout ne rentre pas dans son code. On joue toutes les scènes sur les théâtres grands et petits de la politique. Quels acteurs faut-il applaudir? Quel est le bien, quel est le mal? Deux termes extrêmes qui ne seront jamais absolument définis, tant les formes applicables au gouvernement d'une église, d'un peuple, d'une commune sont multiples, tant elles dépendent des mœurs et des circonstances. Souvent on peut hésiter ; parfois aussi le devoir est évident. L'abjection, les abus monstrueux déshonoraient l'Italie au temps de Savonarole. Lui, qui sentait battre fortement son cœur dans sa poitrine, ne pouvait rester neutre. Il se jette au plus fort de la mêlée. Tantôt seul contre tous, tantôt soulevant la foule sur ses pas, il frappe à coups terribles de son glaive à deux tranchants — la parole. A Florence, la chaire et la tribune sont pleines d'éclairs. Le peuple méprisait la loi de Dieu pour courir aux plaisirs faciles, il s'agenouille maintenant et pleure de repentir ; il était courbé devant les tyrans, il se relève, et refait ses vieilles constitutions démocratiques et républicaines. Le moine en robe blanche qui a mené le branle de ces étonnantes révolutions a pu se tromper dans l'emploi des moyens, sortir du cercle des indignations généreuses ; la postérité lui pardonne, car il était sincère et voulait le bien. L'église de Rome régénérée, Florence libre : voilà le rêve qui inspira sa mission. Ah! Malheur aux apôtres! Rome l'a maudit et Florence l'a fait mourir.

On prétend que Michel-Ange, dans sa jeunesse déjà forte, entendit la parole du maître et fut séduit. Savez-vous rien de plus beau que Michel-Ange à cette école des grandes idées, lui qui devait, toute sa vie, rester chaste et religieux comme le moine ; comme lui, amant passionné de la liberté, pour qui il combattit les armes à la main ; comme lui, mystique, mettant l'inspiration aux lèvres des Sybilles, la pensée aux fronts des statues ; comme lui, fier devant les plus grands, jamais courbé, plein d'une rude franchise ; comme lui, vengeur implacable, ennemi des méchants, précipitant dans l'enfer de son *Jugement dernier* les morts et les vivants qu'avait condamnés sa conscience d'homme.

A San-Marco, j'ai passé quelques instants dans la cellule qui abrita Savonarole. Elle mesure cinq ou six pas et m'a paru grande comme un champ de bataille

Tout à côté, on voit le portrait et le buste de cet homme célèbre : de larges yeux sous un front proéminent, un profil anguleux, tous les indices naturels de l'intelligence et de l'énergie.

On conserve des reliques de Savonarole, parmi lesquelles des manuscrits écrits de sa main. La forme des lettres est cassée, irrégulière, d'une lecture difficile. C'est une exception pour cette époque où les scribes gardaient encore les vieilles traditions et semblaient jeter leurs caractères dans le même moule. Savonarole n'écrivait pas posément comme les scribes.

Je songe, cher ami, au plaisir que vous auriez à faire le pèlerinage de San-Marco. Vous auriez à ressusciter Savonarole, qui est bien mort. Vous pourriez y coudoyer Frà Angelico. Plus heureux que les orateurs, qu'une seule génération peut entendre pour les oublier trop vite, les peintres vivent longuement, autant que leurs œuvres.

Frà Angelico avait débuté par les miniatures. L'ampleur des sujets, le style et la grandeur des compositions ne sauraient être mesurés aux dimensions du parchemin et bien des pages de manuscrits français et italiens valent tout autant que des fresques jetées sur une vaste surface.

Frà Angelico exécutait des miniatures si belles, si bien inspirées, qu'on le força à quitter l'atelier d'enlumineur pour les grands échafaudages des peintres de fresques.

Les murs du cloître, les cellules renferment encore un grand nombre de ses œuvres. Le sujet qu'il a préféré et souvent répété, c'est la scène du Calvaire. Parmi toutes ces images de la Passion, la plus grande comme dimension, la plus complète comme groupement de personnages, la plus soignée comme exécution, est peinte sur un des murs du premier cloître.

Il me semble voir encore un groupe de trois personnages, saint Jean, la sainte Vierge et une sainte femme, si je ne me trompe, qui ont toute la beauté simple et grande des frises du Parthénon et une chose que les anciens, nos maîtres incomparables, n'ont pas connue, l'expression religieuse. La foi, l'espérance chrétiennes, la douleur ressentie dans le drame de la Passion, le repentir qui met des rides aux fronts des pécheurs, les extases des saints dans leur béatitude ; autant de sentiments que l'Olympe païen et les fêtes des dieux ne pouvaient inspirer.

La statuaire de nos cathédrales du xiiie et du xive siècle a les mêmes caractères que les peintures de l'ange de Fiésole, avec plus de raideur.

Ainsi, dans son pays, aussi bien qu'en France, Frà Angelico eut de nombreux prédécesseurs qui ont su traduire les émotions religieuses, le rayonnement de l'âme. Il les a dépassé tous et n'a pas eu d'héritiers.

Un bien petit nombre d'artistes modernes se rattachent à cette école sans être copistes à aucun degré, et par pur instinct. C'est, au premier rang, le regretté Hippolyte Flandrin. C'était, avant lui, Ary Scheffer. Mais celui-ci vise au dramatique ; il est moins simple, étant trop savant.

Savant, Frà Angelico ne pouvait l'être. Comme ses contemporains, il n'avait pas appris la perspective. Exagérant la pudeur, il ignorait volontairement que le nu peut être chaste. Sa main n'a pas soulevé un seul pli du vêtement qui drapait les épaules de ses modèles. Ne lui demandez pas des études d'anatomie. Le modelé de ses Christs est au-dessous de toute critique. Mais les têtes de ses personnages sont belles et presque divines. Les draperies à larges plis, simples, sont admirablement traitées, le mouvement du corps est harmonieux et généralement les proportions sont justes.

Un certain nombre des Vierges glorieuses de Frà Angelico sont peintes sur panneaux de bois. Ce sont généralement des triptyques de petites dimensions. La *Madonna della Stella* à San-Marco et le tabernacle conservé dans les galeries des Offices sont de purs chefs-d'œuvre.

Un peintre célèbre, Frà Bartholommeo, appartenait aussi à cette école de lettrés et d'artistes du couvent de Saint-Marc. Que pourrais-je vous dire de ses œuvres? Je n'en finirai point si je devais faire l'interminable revue des merveilles entassées dans une ville qui, du milieu du xve siècle au milieu du xvie, fut grande comme Athènes, au siècle de Périclès.

Je veux seulement vous exprimer toute mon admiration pour les œuvres d'Andrea del Sarto. C'est à Florence, dans son pays même, qu'il faut l'étudier. Avant d'avoir vu au Vatican la *Dispute du Saint-Sacrement*, volontiers je l'aurais proclamé l'émule de Raphaël, si bien représenté lui-même à Florence par : *la Vierge à la Chaise, la Vision d'Ezéchiel, la Vierge du Grand Duc, la Fornarina, Saint Jean dans le désert*, etc., et surtout par *la Cène* du cénacle, dont l'attribution est encore contestée, mais qui, égalant ses plus belles œuvres, est bien digne de lui.

Les tableaux d'Andrea del Sarto ont un charme pénétrant, une grâce un peu mondaine qui séduit. Le dessin est parfait sans être accusé par des lignes sèches et l'opposition brusque des fonds, comme dans le Titien. Toutes les figures sont belles. Les draperies sobres, élégantes, font valoir les contours et deviner le nu qui apparaît rarement. Andrea del Sarto est bon coloriste et connaît toutes les ressources du clair-obscur. Sa personnalité, qui tient à tout un ensemble de qualités maîtresses, est si fortement accentuée que, si ignorant que je sois en peinture, je me ferais fort cependant de distinguer un de ses tableaux entre mille autres. D'ailleurs un même détail caractérise toutes ses figures. Les yeux de ses personnages sont à demi noyés dans un cercle d'ombres. Ceci est bien voulu et conforme aux modèles, du moins à Florence.

Je ne vous ai rien dit des types italiens, et l'occasion se présente de vous en parler ; car enfin ces beaux modèles qui ont inspiré les peintres et les sculpteurs, il y a quatre cents ans, devraient se retrouver. Nullement, à part quelques traits. La beauté des formes est peut-être plus rare en Italie que dans nos régions. A ne considérer que les moyennes, Agen mériterait probablement encore les éloges bien sentis que La Chapelle et Bachaumont ne lui ont pas ménagés.

Les femmes de Florence, au profil un peu masculin, sont toutefois plus belles que les génoises et les romaines. Presque toutes ont de beaux yeux, larges, et souvent cernés de bistre. Andrea del Sarto est donc justifié.

Je vous fais mes adieux, cher ami, pour en finir avec Florence. Cette lettre si longue me paraît vide tant je suis assiégé par des souvenirs que j'aurais peine à noter dans un volume. Déjà je songe avec une certaine tristesse à ces chefs-d'œuvre que je voudrais étudier souvent et que je ne reverrai plus. J'appartiens à Rome depuis quelques jours, mais je ne puis oublier Florence, aussi belle que Rome.

Quelqu'un pense souvent à vous sur les rives du **Tibre**. C'est votre ami.

ROME.

Naples, 12 mars 1880.

Bien cher Ami,

La plus grande déception de mon voyage sera, le croiriez-vous, l'impression produite par un premier coup d'œil jeté sur Rome. J'ai l'air de soutenir un paradoxe, en vous exprimant tout simplement ce que j'ai senti. Sans doute j'avais trop étudié à l'avance certains tableaux dessinés de main de maître et plus beaux que nature; j'avais pris trop à la lettre des pages émues, dans lesquelles les évocations du passé élèvent au-dessus des vulgarités modernes. La Rome antique n'est plus dans Rome, mais dans les souvenirs qu'à défaut de sa vue, son nom suffit à réveiller, pareille à notre vieux Paris si pittoresque, enchevêtrant ses clochers, ses pignons et ses tourelles, le Paris que Victor Hugo, du haut des tours de Notre-Dame, a vu resplendir dans une vision. De même que le Paris du Moyen-Age, la Rome des Césars est évanouie. Pourquoi regarder terre à terre. Le brutal objectif d'un photographe ne devrait jamais être braqué sur le panorama si changé des sept collines.

Mon logement était situé à 300 mètres du château Saint-Ange. Pour aller de la gare jusqu'à ce point, il faut traverser toute la ville de l'Est à l'Ouest. Je constatai, tout le long de ce trajet, que les rues, assez étroites, ont le même caractère que celles de nos villes modernes, que les monuments, et particulièrement les églises, enserrés dans les groupes de maisons, n'ont aucune beauté extérieure.

A peine installé, mon premier soin fut d'étudier le plan de la ville; et je reconnus, en mesurant tout à l'échelle, que Rome est moins grand que Lyon, qu'il faut une heure, en marchant d'un pas modéré, pour la parcourir d'une extrémité à l'autre. Ce n'est donc plus la grande Rome. Seconde illusion perdue.

J'avais hâte de changer le cours de ces observations moroses et de rencontrer une surprise. Dès le lendemain, je faisais la facile ascension du Janicule. De la terrasse de Saint-Pierre *in-Montorio*, j'avais Rome sous les yeux et je perdais une troisième illusion que je ne devais pas retrouver en allant contempler la capitale d'un autre point culminant, le *Pincio*.

Au-dessus des toits des maisons, de hauteur presque uniforme, se détachent des constructions de deux types seulement : une douzaine de coupoles et autant de maigres campaniles. Pas une seule flèche. Sur trois points opposés, la tour de Néron, carrée, dépourvue d'ornements, pareille à nos donjons du XIIIᵉ siècle, la masse ronde du château Saint-Ange et la grande ruine du Colysée tranchent seuls sur les constructions uniformes du moyen-âge et de l'époque moderne. A l'écart, comme dans un faubourg, s'élève Saint-Pierre. On voit mal le Panthéon dont la coupole est écrasée. J'étais en somme bien peu séduit ; mais j'avais à reprendre par le détail, l'étude de ces monuments si vantés.

La vue du Vatican et de Saint-Pierre de Rome fut loin de me réconcilier. Alignez, groupez et superposez sur des pentes une vingtaine de casernes ou de filatures, vous aurez l'équivalent du palais du Vatican, presque totalement dépourvu de décoration à l'extérieur, de même qu'un autre palais, le Quirinal. Saint-Pierre lui-même trompait mon attente. En dépit de ses énormes proportions, il m'apparaissait avec moins de relief, moins de grandeur que la plupart de nos cathédrales françaises.

Si j'avais passé un seul jour à Rome, je pourrais vous dire en toute sincérité que les poètes et les touristes ont beaucoup menti. Mais, à l'opposé de Constantinople qu'il faut, dit-on, se contenter d'admirer du Bosphore sans y pénétrer, Rome cache ses richesses dispersées un peu partout. Les écrins les plus vulgaires renferment des joyaux merveilleux. Il faut pénétrer dans tous ses palais, dans toutes ses villas, dans toutes ses églises pour établir le prodigieux inventaire de ses collections d'objets d'art. Il faut mesurer le contour de toutes ses ruines, s'arrêter longuement dans chacune de ses basiliques pour reconstituer pièce par pièce ces deux capitales superposées du monde ancien et de la religion nouvelle.

Une fois n'est pas coutume. Me permettez-vous de mettre un peu d'ordre dans cette lettre, en vous décrivant successivement quelques monuments de la Rome ancienne, puis les basiliques, les églises à coupoles, et les palais italiens.

La plupart des édifices antérieurs au moyen-âge sont à l'état de ruines. Mais, quelle grandeur dans les plans, quelle force de résistance dans les matériaux qui ont servi à l'exécution ! Toute muraille antique est homogène comme si elle avait été jetée et fortement comprimée dans un moule. Les plus petits matériaux, sertis par un mortier d'une composition parfaite, s'agglomèrent, se superposent et forment des masses qui, dans leur élévation perpendiculaire ou leurs projections courbes, résistent tout d'une pièce aux injures du temps, même à l'effort des hommes. Il est vrai que les épaisseurs ne sont ménagées ni dans les murs de support ni dans les voûtes. Les substructions et les étages des palais des Césars, les grandes absides de la basilique de Constantin, les salles immenses des Thermes de Caracalla et de Dioclétien, les aqueducs qui franchissent à grandes arcades les plaines de la campagne romaine, la ceinture de fortes murailles qui protège encore la ville après quinze siècles, les tombeaux même de la voie Appienne, toutes ces ruines ont le même caractère, la force inerte du roc inébranlable.

Le Colysée, ce géant qui ferme l'horizon du *Forum*, est construit avec plus de soin. Il est paremente de blocs énormes bien taillés, reliés par des crampons que les barbares ont descellés à grand peine. Toutefois, la vue de ce monument ne m'a point causé la surprise à laquelle je m'attendais. A part quelques détails, toutes les arènes se ressemblent. Triplez les dimensions (ce qui décuple les masses) de l'amphithéâtre de Nimes, et vous avez le Colysée.

Rien, par exemple, ne m'avait donné l'idée, même imparfaite, des Thermes de Caracalla. Un établissement de bains ! Je m'étais imaginé des substructions sur une grande surface, mais divisées en petites chambres voûtées ou non, rien de grandiose. Eh bien ! pour vous décrire en deux mots cette ruine imposante, je vous dirai : rapprochez les unes des autres les nefs de cinq ou six de nos plus grandes cathédrales, avec plus de largeur et un peu moins de hauteur et vous aurez à peu près l'équivalent des constructions qui abritaient les piscines des Thermes de Caracalla. Restituez la décoration de cet édifice monstre : les colonnes de porphyre, de granit et de marbre, qui aujourd'hui soutiennent et décorent les basiliques ; les statues, qui peuplent les musées; les mosaïques, dont il ne reste que des fragments; les stucs moulés et les peintures, dont il ne reste rien, vous serez confondu. On vous dira que les thermes de Dioclétien, moins bien conservés, étaient encore plus vastes et plus beaux. Une seule de leurs salles, à peine retouchée par Michel-Ange, forme une des plus grandes églises de Rome, Sainte-Marie des Anges. Ces deux colosses ne suffisant pas à la satisfaction de leurs fastueux besoins, les romains de la décadence utilisaient encore les thermes d'Agrippa, de Titus, de Constantin.

Dans la Rome ancienne tout était approprié aux besoins, aux passions, aux plaisirs de la foule. Il y avait dans tous les quartiers des hippodromes et des stades de grandes dimensions, pourvus de gradins ou de galeries en pierre. La moins vaste de ces enceintes, un stade destiné aux coureurs, est situé au pied du Palatin. Elle est dominée par la tribune de l'empereur, qui, à elle seule, constituerait un palais. Elle était bordée de portiques de marbre et décorée de statues. C'est grand, vraiment grand.

La mode et la passion des spectacles en plein air sont de tous les temps et de tous les pays. Nos courses de chevaux donnent une pauvre idée des jeux variés qui amusaient les Romains. Eh bien! aux portes de Paris, sur la piste de Longchamps, où depuis quarante ans se courent les grands prix, où parfois deux ou trois cent mille hommes sont rassemblés, on a établi une estrade en bois, longue et maigre, dans le style des chalets ou des gares de second ordre. Les plus grands personnages officiels président aux fêtes du haut d'une bicoque. Le meilleur monde paye fort cher des places à ces tribunes et s'y trouve à l'aise. L'idée ne viendrait à personne de construire quelque chose de durable. C'est petit, petit à l'excès!

Nous ne pouvons plus guère apprécier les monuments de la Rome antique, que dans leurs grandes lignes et d'après leur masse. C'en est assez pour frapper l'imagination, mais notre curiosité d'artiste n'est point satisfaite. Qui pourrait juger ce que fut un homme, s'il n'en reste que le squelette? On en peut mesurer la taille, on ne sait rien de sa beauté. La rectitude des contours, les finesses du modelé, le grain délicat de l'épiderme sont détruits. Vingt siècles implacables ont consommé le pillage de ces ruines privées maintenant de toute parure. Combien n'a-t-on pas vu de petits édifices

Se tailler un pourpoint dans *leur* manteau de roi !

Parfois, des tronçons de colonnes oubliés au pied de ces murs chauves, que le soleil a brunis, des chapiteaux, des portions d'entablement, recueillis parmi les décombres, nous révèlent le style et les proportions souvent élégantes des frontons et des portiques. Les traditions de la Grèce ont trouvé bon accueil sur les rives du Tibre. Athènes vaincue a livré plus que ses dépouilles, un peu de son âme — et quelle âme ! — au vainqueur.

Les romains ont beaucoup imité : leurs temples, toute leur statuaire rappellent de bien près les œuvres grecques. Toutefois il faut reconnaître que l'art étrusque, très original et très indépendant, eut aussi son influence. Certaines catégories de monuments, les amphithéâtres, les basiliques sont particulières à l'Italie. L'Orient n'eût jamais leurs analogues.

On doit aussi aux constructeurs romains, la découverte ou l'application en grand de plusieurs sortes de voûtes. Les arcs de triomphe, les colonnes de Trajan et d'Antonin sont des créations. L'admiration que l'on professe pour ces derniers édifices me parait un peu exagérée. La colonne Trajane, en marbre, son imitation romaine, la colonne Antonine font songer à une imitation française en bronze, la colonne Vendôme. Ces trois monuments commémoratifs ont une incontestable grandeur, en même temps qu'un défaut commun. Leurs minces placages de petits bas-reliefs n'est pas à l'échelle. Les sujets se déroulent uniformément depuis la base, où les moindres détails sont aperçus, jusqu'au chapiteau où tout se perd dans le vague. Un quart ou tout au plus un tiers de ces sculptures est fait pour le regard, le reste pour l'imagination ou plutôt pour jouer un rôle sacrifié dans une vue d'ensemble.

Les artistes grecs, nos architectes du moyen-âge ont traité des compositions bien différentes, mais leur bon goût était asservi à des règles logiques. Ils avaient le juste sentiment des proportions. Jamais ils n'auraient conçu l'idée d'une décoration exclusivement formée par des motifs sculpturaux franchement sacrifiés. La colonne Trajane est toute parée de chefs d'œuvres et l'on éprouve le véritable dépit de ne pouvoir les goûter. Vous seriez disposé à étudier trois heures, mais comment aborder le sujet ? Pas d'échafaudage. Vous avez tout vu en dix minutes.

Toute miniature exige la cimaise.

Les temples païens dont un grand nombre se voient encore à Rome,

presque tous à l'état de ruines, se composaient d'une *cella* rectangulaire entourée de portiques. On leur donnait aussi quelquefois une forme circulaire. Leurs proportions dépassent rarement celles de nos petites églises, ce qui peut s'expliquer par ce fait, que les cérémonies religieuses se faisaient non dans les temples mais autour des temples, en plein air.

En dépit de la douceur du climat, le hasard, qui condense et dissout les nuages, devait contrarier souvent les dévotions ou les plaisirs d'un peuple qu'il fallait contenir en l'amusant. Il devait arriver parfois, que les fêtes fussent remises au lendemain. Alors on maudissait la pluie, mais non l'empereur.

Cependant, pour satisfaire des besoins et des habitudes de tous les jours, il avait fallu élever des édifices capables d'abriter complètement les foules. On recouvrait par des voûtes les salles des thermes et celles des basiliques par des charpentes et des toitures.

Ces derniers édifices servaient à la fois de tribunal, de bourse et de halle. Leur plan est fort simple. Pour avoir une plus vaste surface abritée, on éleva à l'intérieur les portiques qui, dans les temples, étaient à l'extérieur. De, là une division en trois nefs avec autant de fermes de combles. Cet expédient permettait de donner à l'édifice une grande largeur. La nef centrale étant plus haute que les autres, on pouvait prendre du jour dans les murs supportés par les colonnes.

Pour isoler un peu le tribunal de la foule bruyante des acheteurs et des vendeurs, on ménageait parfois à l'extrémité de la grande nef une petite retraite à laquelle on donna la forme semi-circulaire. La *camera* du juge est devenue l'abside de nos églises. A la fin des persécutions, les chrétiens, libres de célébrer leur culte au grand jour, s'approprièrent le type des basiliques, qui remplissait toutes les conditions voulues pour la pratique des cérémonies et fournissait tout l'espace que peut réclamer une nombreuse assistance.

Me voilà donc tout naturellement amené à vous parler des édifices religieux des premiers siècles du christianisme. Bien qu'il n'en subsiste aucune dans son intégrité, avec tous les portiques qui en étaient les accessoires, les basiliques de Rome, réduites à leur vaisseau trop souvent remanié, n'en ont pas moins un immense intérêt. Elles sont belles et d'un style classique souvent très fini. De plus, elles présentent le type primitif qui, reproduit d'abord servilement par nos **architectes du moyen-âge, a été successivement modifié**. On a pu reconnaître toute une série de transitions fort logiques qui aboutissent aux plans de nos cathédrales et de nos abbatiales des xiie et xiiie siècles.

Vous savez que j'ai eu la bonne fortune de suivre le cours d'archéologie le plus complet, le plus magistral, le plus méthodique qui soit professé en France. Le savant directeur de l'École de Chartes, M. Jules Quicherat, a défini le premier les caractères de notre architecture du moyen-âge, issue des basiliques et des oratoires italiens, développée graduellement, transformée par l'application des voûtes, aux formes si variées, et par le génie de nos constructeurs. Je ne saurais répéter ces leçons à propos des basiliques de Rome, mais je vous prie d'admettre les conséquences qui en dérivent. Nos cathédrales procèdent des basiliques; c'est, il est vrai, au cinquième ou au dixième degré, mais qu'importe! *Pulchra matre filia pulchrior.* Entre le type primitif et les types dérivés, un parallèle est donc possible et je vais tenter de le tracer en quelques mots. Vous jugerez des immenses progrès réalisés par notre moyen-âge français, dont tant de personnes ont encore l'ingratitude ou le mauvais goût de marchander la valeur.

A l'extérieur, rien de simple comme une basilique. La façade occidentale est régulièrement couronnée par un fronton triangulaire à angle obtus. Les sculptures sont rares. Les portes s'ouvrent sans ébrasement. Les murs latéraux et les clôtures des absides manquent d'ornementation, les fenêtres d'encadrement. Parfois un campanile isolé, — une petite tour carrée, — s'élève dans le voisinage. Si la basilique est ancienne, c'est une addition postérieure.

Nos cathédrales sont toutes parées au dehors, pleines de ressauts, couvertes de sculptures, formées de grandes masses dont les lignes perpendiculaires combattent les effets produits par les plans horizontaux. Les tours surmontées par des flèches, les pignons aigus des façades, les clochetons qui couronnent les contreforts, tout s'élève comme pour défier les lois de la pesanteur, comme pour faire mieux sentir la prodigieuse hauteur des voûtes.

Une tour faisant corps avec un édifice c'est un élément architectural de premier ordre que l'Italie ancienne n'a point connu. Une cathédrale française complète peut avoir sept tours, l'une au centre du transept, deux à l'extérieur de chaque croisillon, deux sur la façade. Assurément la plupart de nos grandes églises sont bien loin de ce compte; mais, quelque imparfaites qu'elles soient, elles n'en doivent pas moins à leurs tours, à leurs clochers, à leurs flèches, à tout ce qui fait relief à leur surface, une partie de leur beauté.

Une façade de cathédrale a toujours une ampleur, une variété de décoration qui font absolument défaut aux églises primitives de Rome. Les portes, ouvertes par un large ébrasement, sont ornées à profusion de sculptures. Une rosace — cette forme de baie paraît être une invention française — rayonne au centre. Enfin, des galeries abritées par des arcades, des cordons de moulures, des pignons dont la forme, l'angle, la décoration varient d'un édifice à l'autre, ont remplacé les corniches et les frontons uniformes des basiliques.

Pas une fenêtre sans ressaut, sans encadrement de moulures. Les meneaux, les remplages variés de ces baies larges et hautes se soudent aux parements de pierre. Les arcs-boutants se profilent dominés par des clochetons dressés en pointe aiguë et des gargouilles penchées. Les corniches et les balustrades couronnent superbement les murs de clôture si atténués, si allégés par les embrasures des baies de fenêtre. Le plan général et les détails de l'ornementation correspondent à une échelle; les lois rigoureuses de la perspective s'appliquent à tous les reliefs plus ou moins accusés selon les hauteurs.

Et maintenant, cher ami, pénétrons dans une basilique. Un premier sentiment saisit. Quelle largeur dans l'ensemble! quelle pureté dans les lignes horizontales! A première vue, il semble qu'il n'y ait pas de comparaison possible avec nos cathédrales, où domine la ligne perpendiculaire, pas plus qu'entre le Parthénon et la Sainte-Chapelle. Et cependant bien vite, par réflexion, on saisit les analogies de la structure et les causes des dissemblances.

Dans les basiliques tout concourt à produire cet effet de largeur. Les lambris sont relativement peu élevés, ce qui abaisse le regard et modifie les proportions. De plus, on peut donner aux nefs centrales recouvertes par des charpentes une ampleur que la construction des voûtes a peine à comporter. Autre conséquence de l'emploi des charpentes : les clôtures de la grande nef n'ayant à soutenir ni le poids ni les poussées d'une couverture en pierre, le volume de leurs supports peut être réduit. Ces supports sont des colonnes dont le diamètre est de beaucoup inférieur à celui de nos piliers gothiques. Rien ne gênant la vue, les trois nefs paraissent se confondre et ne former qu'une salle. Les architraves, les corniches, les lambris profilent à diverses hauteurs leurs lignes parallèles. Alors même que des arcades sur colonnes divisent les nefs — il y en a plusieurs exemples — ces pleins cintres, dont le rayon est faible, ne tranchent pas trop vivement avec les cordons rectilignes accusés par de grands reliefs. Le cintre des fenêtres ne change rien non plus à la physionomie de l'édifice. Parfois, le double portique reproduit en partie à l'intérieur de l'édifice les profils des portiques extérieurs des anciens temples, moins la frise. Tout n'est pas rationnel dans cette imitation. On a reproché, non sans raison, aux architectes romains, d'avoir reporté dans des salles couvertes des moulures qui, placées à l'extérieur, avaient une raison d'être et servaient à l'écoulement des eaux de pluie. Je ne saurais après tant d'autres, discuter ces détails. Il faut constater qu'en dépit de certaines fautes de goût, les basiliques sont imposantes et du plus grand style, qu'elles restent supérieures à tous les autres édifices religieux construits en Italie depuis l'an mille.

Dans nos cathédrales, la construction de voûtes d'une portée limitée fait réduire les dimensions de la nef centrale. Le poids à supporter a fait augmenter le diamètre des piliers. L'emploi de l'arc brisé, l'application du *triforium*, comme conséquence la nécessité de prendre du jour à une grande hauteur, tout a conduit nos architectes à élever de plus en plus leurs nefs. Ils ont résolu ce problème avec harmonie : la ligne élancée des arcades, des baies, des doubleaux de la voûte, tout s'élève d'un même accord. De plus le parallélisme des parties saillantes des dosserets, des colonnettes et des meneaux, se produit dans le sens vertical. L'unité de nos monuments gothiques est logique et l'effet en est monumental.

Telle est l'explication sommaire des impressions saisissantes et si dissemblables que l'on ressent à la vue des édifices que je compare. Supposez une basilique romaine et une cathédrale française construites sur des terrains d'une égale superficie : celle-ci vous paraîtra haute, celle-là surtout ample et large.

Il doit m'arriver, cher ami, de perdre mon temps et mon encre à vous exposer ces théories. Sans avoir vu les basiliques, vous savez, vous devinez tout cela. Vous connaissez bien notre moyen-âge et l'étude des livres et des dessins vous a familiarisé avec les monuments de Rome. Vous pouvez donc, en consultant vos souvenirs, en feuilletant votre bibliothèque, faire toutes ces comparaisons. Et cependant il faut bien terminer mon implacable parallèle. Je suis d'avis que lorsqu'on aborde un sujet ennuyeux il faut savoir être ennuyeux jusqu'au bout, ennuyeux à pleines lettres, ennuyeux à pleins chapitres. Triste sort des causeries archéologiques et des discours en trois points des sermonneurs !

Sur une terre classique, le style des monuments est composé de copies et de réminiscences. Les trois ordres grecs, la variété toscane, les caprices limités de l'ordre composite : voilà tout le répertoire des styles répétés à Rome depuis vingt siècles. Des dessins géométriques convenus, des combinaisons limitées de moulures, quatre ou cinq types de feuilles, ce sont de pauvres éléments. Tous les modules connus appliqués aux piliers et aux colonnes ; les compositions de chapiteaux multipliés en nombre incalculable; la flore touffue de nos monuments du moyen-âge; la variété infinie des détails dans l'unité des styles propres à chaque période; les efforts prodigieux de nos écoles de sculpteurs ; l'amour du changement, la recherche du mieux qui poussait toujours en avant nos architectes de l'an mille à la fin du xvi° siècle : c'est notre gloire française, c'est la gloire des peuples du Nord. Le Midi et l'Orient, après nous avoir devancés, sont restés immobiles.

Les basiliques n'ayant pas de voussures ni de chapiteaux historiés, sont dépourvues de sculptures symboliques. L'emploi des vitraux dans les églises italiennes est moderne, et cette grande ressource fait défaut à tous les monuments du moyen-âge.

La peinture fut appliquée dès les temps les plus anciens à la décoration des basiliques. Il ne subsiste de ces fresques que des fragments, mais tous fort curieux.

Les basiliques ont une autre parure vraiment italienne, à la fois riche, brillante et durable. Ce sont les deux variétés de mosaïques, les unes en petits cubes carrés qui tapissent les voûtes des absides et permettent les plus grandes compositions; les autres formées de pièces plus grandes, taillées de diverses façons qui se réduisent à des dessins géométriques et s'appliquent aux pavages. Nous n'avons pas l'équivalent de ces belles décorations.

Les accessoires du chœur, les ciborium, les ambons, les balustrades sont d'un grand effet; mais nos retables et nos stalles, dont le style est bien différent, ont leur grandeur et leur beauté propre.

Toutes les églises anciennes de l'Italie ne sont point conçues d'après le type des basiliques. Il existe dans ce pays une autre école bien tranchée que vous connaissez certainement par les plans et les dessins multipliés dans les ouvrages scientifiques et artistiques.

Le problème de la construction des voûtes, avec les diverses solutions qu'il comporte, fut de tout temps inscrit à la première page du carnet des architectes. Or, la plus belle voûte antique qui, depuis dix-neuf siècles subsiste à Rome, est la coupole du Panthéon d'Agrippa. Elle recouvre un monument dont le plan est circulaire. La solution était simple bien que l'entreprise fut hardie en raison du grand diamètre de l'édifice.

Dès le IVe siècle, on trouva le moyen d'élever une coupole sur un plan carré en rachetant les angles droits par des pendentifs. On obtenait ainsi une base octogonale sur laquelle il était facile d'inscrire un cercle. Ce procédé ingénieux défraya les architectes pendant quelques cents ans. De Sainte-Sophie de Constantinople, à Saint-Marc de Venise, en passant par Saint-Vital de Ravenne, de l'empire d'Orient à celui d'Occident, on construisit des églises qui ne ressemblaient en rien aux basiliques. On pouvait, d'après le nouveau système, établir des séries de coupoles sur des plans rectangulaires ou cruciformes. L'Orient s'est arrêté à ces types qui, malgré un peu de lourdeur, sont profondément originaux, d'une grande unité et d'un effet vraiment monumental. Il les a reproduits presque sans innovations jusqu'à nos jours.

Vous savez comment, vers le XIe siècle, l'influence de cette architecture s'est fait ressentir dans nos régions. Périgueux fut le centre de cette école byzantine qui a trouvé un digne historien dans M. Félix de Verneilh.

On prit aussi des demi-partis. Dans toutes nos provinces, depuis le huitième siècle, certaines églises offrent une seule travée, — le carré du transept, — voûtée en coupole.

En Italie, comme en France, on tenta cette assimilation; on s'efforça d'ajouter une coupole au plan des basiliques : ainsi pour la cathédrale de Pise, du XIIe siècle, dont la grande nef n'est pas voûtée ; ainsi à Sainte-Marie-des-Fleurs, à Florence, du XIVe siècle et du commencement du XVe. Déjà dans cet édifice le plan de la basilique subit des modifications importantes imposées par les proportions de la coupole. On eut l'idée de donner à cette voûte la largeur des trois nefs. Les murs de clôture servaient de point d'appui aux arcs et les croisillons furent réduits à de simples absides. Œuvre grandiose de Brunelleschi, la coupole de la cathédrale de Florence est la plus vaste qui existe en Italie.

Dans une légende qui se rattache à la construction de Saint-

Pierre de Rome, on prête ce mot à Michel-Ange : « J'élèverai la « coupole du Panthéon dans les airs. » Ce grand artiste n'a pu s'exprimer ainsi, sachant le problème résolu.

Toutefois, en raison des vastes proportions que l'on voulait donner à Saint-Pierre, il dut bander les arcs de sa coupole non pas d'un mur de clôture à l'autre, mais sur des supports isolés. On comprend que, pour résister à la force d'écrasement de la voûte, ces supports devaient être d'un volume énorme, de vraies tours massives. Comme tout se lie en architecture, on dut, pour ne pas faire de disparates, proportionner les piliers de séparation des nefs à ceux du transept. C'est fort lourd, et ces dernières conséquences de l'application des voûtes et de l'adjonction d'une coupole au plan des basiliques changent complètement la physionomie des édifices.

J'aurais eu grand plaisir à étudier toutes les transitions par lesquelles l'architecture religieuse a dû passer en Italie depuis la première basilique jusqu'à Saint-Pierre. C'est malheureusement impossible, d'abord parce que je ne dois visiter qu'un petit nombre de villes, ensuite parce que ce pays attend encore un archéologue qui étudie méthodiquement l'ensemble de ses monuments religieux comme l'ont fait chez nous M. Jules Quicherat, M. de Caumont et M. Viollet-Le-Duc.

En dépit des nombreux volumes dont Saint-Pierre de Rome est le sujet, il reste beaucoup à dire sur cet édifice trop vanté. L'Italie produisit, au XVIe siècle seulement, un plan que nous avions appliqué dès le XIIe siècle, et l'on trouve des analogies frappantes entre la plus grande église de Rome et un certain nombre de nos modestes églises romanes. Le style est différent, l'ossature est la même. Au XIIIe siècle nous avons abandonné l'emploi de la coupole pour la couverture du carré du transept. Nos architectes avaient pour cela de fort bonnes raisons. Ayant inventé une voûte admirable, la croisée d'ogives, ils l'appliquèrent exclusivement à toutes les parties de leurs édifices pour ne point rompre l'unité des surfaces et des lignes.

Que la grande nef soit lambrissée, comme dans le dôme de Pise, couronnée par des arcs brisés, comme à Sainte-Marie-des-Fleurs, voûtée en berceau surbaissé, comme à Saint-Pierre, la coupole forme un disparate sans transition, un grand vide qui coupe brusquement les lignes horizontales ou courbes. Exhaussée sur un tambour, comme un puits renversé, elle est plus disgracieuse encore; elle jure dans l'ensemble et ne peut être regardée que de quelques points. Ainsi l'édifice est sacrifié à la coupole.

La coupole ne s'associe bien avec aucun autre genre de grandes voûtes.

A l'extérieur, traduite par un dôme, elle devient la pierre d'achoppement des architectes. Les séries de coupoles sont naturellement belles, mais non les dômes isolés. A Sainte-Marie-des-Fleurs c'est une coiffure écrasante qui n'est préparée, atténuée par aucun étagement. Pour Saint-Pierre, Michel-Ange a su éviter en partie ce défaut en donnant de vastes proportions aux chapelles rayonnantes. Ses successeurs ont multiplié, à Rome, les réductions de ce superbe édifice, églises bâtardes où se retrouvent tous les défauts du type original sans aucune de ses beautés et où rien n'est à l'échelle.

Des imitations pareilles, tentées d'abord dans notre pays par les Jésuites, n'y ont pas donné de meilleurs résultats. Cependant notre goût français a quelque peu rectifié les défectuosités de ces plans. Je n'ai pas vu à Rome, parmi les églises construites depuis trois siècles de monuments aussi bien proportionnés que nos églises parisiennes de la Sorbonne et du Val-de-Grâce.

Belles ou laides, les églises de Rome ont sur la plupart des nôtres un incomparable avantage. Ce sont de vrais musées. Il en est peu où ne se trouvent quelques chefs-d'œuvre de peinture ou de sculpture qui font pardonner l'abus des dorures et des placages de marbre. Toutes les églises sont donc à visiter, non pas toujours pour elles-mêmes, mais pour leurs richesses artistiques.

J'aurais beaucoup à vous dire sur la façon dont on a traité les rares monuments de style gothique que j'ai visités sur ma route. Les églises de Santa-Maria-Novella, à Florence, de La Minerve, à Rome, ont de larges nefs aux piliers élégants, aux voûtes hardies. Leur nef centrale est à peine plus élevée que leurs bas-côtés. Des bijoux gothiques tout en marbre tels que la chapelle Santa-Maria della Spina, à Pise, et le tabernacle de l'oratoire de Saint-Michel, à Florence, ne sont pas sans quelques défauts. Ainsi les angles des gables ne correspondent pas aux angles des cintres brisés et l'ensemble manque d'unité, d'harmonie. On sent bien que, sur cette terre, le gothique est une importation, et que des architectes imbus des théories de l'art classique ont eu de la peine à s'assimiler les méthodes que réclame un genre si différent. Ils ont créé ces fantaisies sans préparation suffisante.

Pour en finir une bonne fois avec les monuments, je vous dirai quelques mots sur les palais de Gênes, de Pise, de Florence et de Rome, bâtis du xve siècle à la fin du xviie. Je ne verrai point ceux de Venise, infiniment plus variés comme décoration. Les palais des villes que je viens de citer sont presque tous uniformes, si l'on ne considère que l'ensemble de leurs plans. Ils renferment une cour intérieure et se composent de trois ou quatre corps de logis assemblés à angle droit. On a soigneusement évité toute irrégularité, prohibé l'emploi des tours et des tourelles. Nulle part des toitures et des pignons à angle aigu. La ligne horizontale domine ; souvent une corniche d'un large profil sert de couronnement. L'ouverture des baies des fenêtres n'est pas proportionnée aux surfaces. On n'a pas usé de la ressource des meneaux croisés. Toutefois un certain nombre de palais, à Pise et à Florence, ont des fenêtres géminées dans le genre de celles qui étaient en usage en France du xiie au xve siècle.

L'appareil en bossage est particulier aux palais de Florence.

En somme ces grandes masses carrées n'ont aucune analogie avec nos châteaux de la Renaissance, irréguliers, pittoresques, infiniment variés comme plans et comme décoration, pleins, en un mot, de caprice et d'imprévu. Nous avons enfin cessé de les attribuer à des architectes venus d'Italie. Le procès est jugé, pièces en main.

La forme robuste, l'ampleur des palais italiens, leur richesse, une certaine majesté lourde permettent de les comparer à nos édifices du temps de Louis XIV.

Ces palais ont presque tous de larges vestibules, des portiques sur colonnes de marbre, qui parfois ceignent la cour intérieure comme les galeries d'un cloître, des escaliers d'une largeur monumentale. Ils sont rarement embellis par des sculptures délicates. Sous un climat plus doux que le nôtre, on se passe aisément de foyers. Cela vous explique pourquoi les belles cheminées sont fort rares.

Le trois ou quatre styles classiques sont à peu près exclusivement appliqués aux colonnades. L'inévitable corinthien y domine.

Les chapiteaux et les pilastres d'ordre corinthien ! J'en ai bien vu six mille un peu partout, même sur les rives de la Garonne. Quand nous serons à dix mille, nous ferons, si vous voulez, plusieurs croix. Dans les ruines du *Forum*, au faîte des portiques du Panthéon, dans les anciennes basiliques, dans nos musées ces belles corbeilles parées de feuilles d'acanthe sont bien à leur place. Mais gardons-nous d'abuser des meilleures choses. En vérité nous acceptons trop facilement le plagiat et les répétitions en architecture.

Le plus bel air d'opéra est un supplice pour l'oreille quand les orgues de Barbarie, qui passent, le jouent du matin au soir.

Je commence à voir, cher ami, que j'ai enfourché mon dada. On va loin sur cette monture. Aujourd'hui je vous ai saturé de moellons : petit appareil, moyen appareil, grand appareil. Je ne vous ai pas non plus fait grâce d'un astragale. Je pensais vous faire part de toutes mes impressions sur Rome en une seule lettre. Quelle erreur! Je vous ai parlé seulement des murs. Je n'en finirais plus en proportionnant la broderie au canevas. Il me semble que tout reste à dire. Je comprends maintenant ces auteurs qui composent des volumes sans y prendre garde, en croyant ébaucher une notice ou griffonner une lettre.

C'est une lettre que je vous adresse. Il est temps de la clore. Cette Rome, que j'ai d'abord tant calomniée en bloc pour l'admirer davantage en détail, il faudra bien que je vous en parle encore dans un second courrier. Je tâcherai d'être court et de mettre un monde dans chaque phrase.

En faveur de cette résolution très arrêtée, très énergique et à laquelle je faillirai certainement, vous voudrez bien, cher ami, excuser la prolixité de mes théories sur l'architecture italienne et me croire toujours,

Votre tout dévoué,

ROME.

Naples, 14 mars 1880.

Cher Ami,

Je suis en retard. N'est-il pas étrange d'écrire deux lettres sur Rome, quand on l'a quittée, et qu'on est à Naples. Il faut bien cependant que je vous fasse partager mon adieu à cette cité fameuse que j'ai parcourue trop vite. On voit mal en marchant, en courant jusqu'à bout de forces. Il m'est arrivé de visiter huit basiliques ou grandes églises dans une soirée. Comment prendre des notes? Comment éviter la confusion dans les souvenirs? Pour se reposer des longues stations dans les musées, on a les terrasses du Pincio, le parc créé sur les ruines du palais des Césars, et surtout les villas avec leurs chênes éternellement verts, l'yeuse chantée par Virgile. Mais en vain le soleil ou l'ombre vous attirent. Pas de repos en plein air. La tentation est là, sous les formes les plus provocantes. Comment résister à l'attrait de galeries pleines d'objets d'art, où les statues antiques se coudoient, où les fresques à jamais fixées luttent de beauté avec les toiles ou les panneaux voyageurs? A Rome, on a tous les jours l'embarras du choix. Il faut se résigner à ménager son temps en le divisant à propos, savoir parfois faire des sacrifices. Mes compagnons de voyage se sont donné le plaisir d'une charmante excursion à Tusculum, à Albano. J'ai renoncé à en prendre ma part pour revoir une fois de plus les musées du Vatican. Comment se délivrer des Grecs et des Romains? Esclave volontaire, je me laisse absolument séduire par les charmes de la statuaire antique. A un profane comme moi, la statuaire parle mieux que la peinture. Elle a moins de convention, et le premier venu peut distinguer sans peine d'un chef-d'œuvre une composition de mérite ordinaire.

Il y a plus de vingt-trois siècles qu'un peuple avait atteint la perfection dans l'art de la statuaire. On a pu l'égaler, non le dépasser. Le dépassera-t-on jamais? J'ai longuement regardé les bustes de

Périclès, qui a eu cette gloire d'attacher son nom à une époque des plus fécondes en hommes et en œuvres d'élite. Ces glorieuses images trônent encore au milieu des merveilles de l'art contemporain, les dépouilles d'Athènes, qui n'ont jamais cessé d'embellir Rome. A ce moment, j'ai compris la puissance de l'art. Soixante générations, des millions d'hommes ont vu resplendir ces marbres, et mon admiration est associée à celle des Athéniens du temps de Phidias et de Praxitèle.

On ne décrit pas dix ou quinze mille statues antiques réparties entre Florence, Rome et Naples. Si je n'avais vu qu'un chef-d'œuvre, comme l'Hébé de notre Musée, je m'empresserais de vous le dépeindre. Je suis désarmé par des centaines de chefs-d'œuvre.

Il existe souvent plusieurs exemplaires des belles statues. La fameuse Vénus de Médicis est sœur de la Vénus du Capitole, et quatre statues du même type, mais d'une exécution inférieure, sont groupées dans une salle du Musée de Naples. Deux répétitions de la Vénus de Milo, moins parfaites que notre exemplaire du Louvre, se trouvent l'une au Vatican, l'autre à Naples. J'ai vainement cherché l'exacte reproduction de notre marbre agenais. J'ai constaté seulement de grandes analogies entre la statue du Mas et deux statuettes du Musée de Naples (n° 280). Même attitude, même cambrure. La draperie varie un peu. Ces statuettes sont intactes. Ce sont des Vénus à la toilette.

La perfection idéale de la forme, la justesse et la grâce dans le mouvement, la sérénité majestueuse ou souriante dans les traits : tels sont les caractères communs des statues antiques. Tout ce peuple de marbre a la beauté calme des dieux. Dans les galeries du Vatican, je me suis donné le malin plaisir de regarder alternativement les statues et les visiteurs. Brisons nos miroirs.

En Italie, la plupart des statues antiques ont été restaurées, et le plus souvent avec une grande habileté. Toutefois on souhaiterait d'avoir pour l'étude des indications pareilles à celles que M. Ravaisson a si utilement multipliées dans notre galerie des antiques du Louvre.

Les monuments, les musées, les souvenirs, ce n'est pas tout Rome. La preuve en est dans cette foule de voyageurs qui y cherchent autre chose. Ils y viennent pour prier aux tombeaux des apôtres et des martyrs, dans les ombres de la prison Mamertine et des Catacombes, sur les degrés de la *Scala santa*. Avant tout, Rome est pour eux le plus important des pèlerinages. Une audience au Vatican est la première faveur qu'ils sollicitent.

Catholique, je tenais à connaître aussi cette Rome vivante et militante, dans laquelle se résument le passé, le présent et peut-être l'avenir de nos croyances religieuses.

Je vous ai promis de vous écrire toujours sans réticence avec une entière sincérité. Plus le sujet est grand et respectable, plus je suis sollicité à vous dire toute ma pensée. Ma conscience est pleinement dégagée, car il ne s'agit d'aucun dogme. Il est permis de discuter les faits historiques et la valeur des traditions et des légendes, de produire son témoignage sur des pratiques et des dévotions anciennes ou modernes livrées à l'appréciation libre des hommes.

Les souvenirs et les reliques des premiers âges du christianisme sont multipliés à Rome d'une façon vraiment inquiétante. Vous savez combien longuement on a discuté la question de savoir si saint Pierre est venu à Rome. Je ne sais par quelles preuves décisives on a pu clore cette controverse. Je ne crois pas, en tous cas, que des traditions relatives à la prison Mamertine, aux empreintes du *Domine, quo vadis?* à la *cathedra* de Saint-Pierre s'imposent à la croyance. Je cite ce fait entre mille. Le catalogue des reliques est immense. Le peuple italien accepte tout, et les pèlerins étrangers suivent l'exemple.

Cependant la science marche, car la religion n'exclut pas la critique. L'illustre M. de Rossi et son école cherchent des preuves, et chaque jour jettent le fondement de nouvelles certitudes. Ils vont sûrement, bien qu'à petits pas. Lorsque la découverte d'une inscription confirme une tradition ce sont quelques lignes de plus à tirer du chapitre des légendes pour les inscrire au livre de l'histoire. L'étude des origines du catholicisme, le sondage et l'analyse des sources, cette revision méthodique des croyances populaires dureront des siècles. Petit ou grand, l'édifice qu'on aura construit aura la durée de l'airain indestructible. Il abritera la statue de la vérité.

Au culte des saints les italiens mêlent un grand nombre de pratiques extérieures. Il existe dans les musées des statues antiques dont les pieds ont été polis et presque usés par les baisers des fidèles. Ainsi l'image d'un orateur grec, jadis placée dans une niche et baptisée d'un nom d'apôtre, porte les marques de la plus extraordinaire vénération. De nos jours encore combien de dévotes romaines ne croiraient pas avoir fait une prière acceptable si elles n'embrassaient pas le pied d'une statue quelconque !

Dans les cérémonies religieuses le profane se mêle parfois au sacré avec un sans façon plus que naïf. Que diriez-vous, si, comme moi, à l'église Saint-Augustin, vous aviez entendu l'organiste jouer à plusieurs reprises, et note pour note, l'air le plus populaire et le plus sautillant à la fois de *La fille de Madame Angot ?*

La vieille musique italienne appliquée aux grandes cérémonies n'a pas le caractère religieux. J'ai assisté à l'exécution de la messe de Palestrina à la Chapelle Sixtine ; des accords étranges produits par des voix étranges et rien qui rimât au *Kyrie*, au *Credo*, au *Sanctus*, à l'*Agnus Dei*, pas un acte de foi scandé dans les notes graves, pas une prière dans laquelle l'espérance chante ou le repentir gémisse, pas un élan d'amour emporté sur les grandes ailes des larges accords, rien d'inspiré, mais seulement des mélodies joyeuses lancées à toutes volées, beaucoup de roulades, un indicible mélange de sons timbrés comme une sonnerie, des variétés, des nuances infinies de sopranos et de ténors, d'ailleurs une exécution parfaite.

Dans la forme même des cérémonies, l'apparat, une certaine pompe théâtrale loin d'inspirer la piété, causent d'inévitables distractions. L'étalage merveilleux des costumes à la Chapelle Sixtine est une curiosité mondaine. Il en résulte que l'assistance, mêlée d'étrangers et d'italiens, regarde, lorgne et cause un peu comme à la parade.

Évidemment Rome a gardé quelque chose des rites païens, et des traditions antiques. Les cérémonies religieuses se déploient dans ses églises larges, inondées de lumière, parées brillamment, presque attifées. Elles tendent à éblouir. C'est une forme comme une autre. Le culte extérieur éclatant, parlant aux yeux, est moins dans le génie de notre race. Nos plus belles cathédrales sont hautes, sombres, mystérieuses. Des accords graves montent à leurs voûtes. L'orgue ou les voix vraiment humaines ont des notes basses et traînantes. La foule, recueillie, prie ou pense.

En France comme en Italie on récite, on chante la même prière, dans la même langue. Qu'importent les notes et les accords, les formes extérieures de la pensée quand cette pensée de foi et d'amour est la même dans l'église universelle !

Des Espagnols, des Polonais, des Autrichiens, etc. assistaient, en même temps que bon nombre de Français à l'audience de Léon XIII à laquelle j'avais l'honneur d'être admis. J'admirais cette grande solidarité, cette pensée commune qui rapprochait des inconnus partis de tous les points du monde et les inclinait sous le joug doux à porter de la même bénédiction. Dans ces audiences, le pape apparaît comme un père et je n'ai pas été surpris de voir à ce moment se réfléter sur la figure de Léon XIII une extraordinaire douceur, que ne peuvent traduire ni ses portraits ni ses photographies. Par eux vous connaissez cette figure ascétique, pleine de finesse italienne, creusée de rides profondes, frêle enveloppe d'une âme énergique. Mais vous ne sauriez deviner quelle bonté illumine le regard de Léon XIII.

Rien de plus touchant que les requêtes adressées au Saint-Père. Chacun lui recommande avec émotion ce qu'il a de plus cher au monde. Toutes les grandes, toutes les saintes affections se reportent à Dieu par l'intermédiaire de celui qui régit son église. J'ai entendu dans la bouche de Léon XIII un mot d'amour pour la France, tout spontané, prononcé vivement et venu du fond du cœur. J'ai été touché.

Les audiences peuvent avoir leurs surprises. Le *non possumus* énergique peut s'allier aux faveurs. Vêtue de la mantille noire, qui est l'uniforme obligé pour les réceptions, une italienne brune, vive, au regard de feu, demandait tout à l'improviste une décision sur un sujet fort grave que j'ai cru deviner dans la demi compréhension de sa langue étrangère. Trois *non* des mieux accentués ont accueilli sa requête.

Dans les quelques minutes où j'ai pu l'entendre, Léon XIII a parlé plusieurs langues et causé sur l'état de nombreux diocèses avec une sûreté de mémoire vraiment étonnante.

Que vous dirais-je encore de Rome ? Oserai-je vous parler des coutumes italiennes, des mœurs, de la société ? C'est périlleux. Tout au plus devrais-je vous dire un mot de la langue et des costumes.

Dans la série des œuvres de Balzac se trouve une petite nouvelle *Les Comédiens sans le savoir*, de simples pages plus joyeuses que profondes, tracées sans prétention par la plume du maître. Elles renferment cependant une moralité à l'adresse des voyageurs qui s'imagineraient connaître une ville pour avoir inspecté ses murailles. Des garçons d'hôtel cosmopolites, des cochers obséquieux, des ciceroni blagueurs ce n'est pas tout un peuple et pour connaître tout le monde il ne suffit pas de coudoyer tout le monde à la promenade.

Gazonal, le type créé par Balzac, croyait connaître Paris. Il l'avait habité deux ans pour suivre un procès. Au moment de regagner sa province, il tombe sur un cousin, un vrai boulevardier. Le voilà se promenant avec lui un peu partout. Les surprises succèdent aux surprises. Tout un Paris inconnu se révèle. Bref, il apprend plus de choses en flânant huit jours qu'en plaidant vingt-quatre mois.

Les voyageurs ne trouvent pas souvent, comme notre excellent Gazonal, ces guides instruits, fureteurs et complaisants, parasites acceptés ou francs compagnons dans tous les mondes.

Je connais la surface de cinq villes de l'Italie mais non la nation italienne qui a, sans doute, ses qualités et ses défauts de race, mais qui paraît offrir une grande variété d'une province à l'autre et, dans le même pays, d'une caste à l'autre.

Les simples observations que j'ai pu faire, je vous les donne pour ce qu'elles valent.

A Rome, nous avions eu la bonne fortune d'être reçus par une famille italienne, en amis plutôt qu'en passants. Le bon souvenir que j'ai gardé de cette hospitalité me sera toujours précieux, et, n'ayant qu'à faire leur éloge, je parlerai librement de mes hôtes.

C'est une famille nombreuse dispersée à tous les étages d'un immense hôtel. Beaux-frères, cousins, nous avons fait la connaissance de tous, nous avons frappé à toutes les portes, sûrs d'un bon accueil. Partout une politesse exquise. Comme la plupart des romains de la bonne société, ils savent assez de français pour se faire comprendre. Avec eux rien de banal dans la conversation. Il est vrai que, prenant pour sujets Rome d'une part et la France de l'autre, on peut se dispenser de molester la pluie, de bénir le beau temps, de prendre au sérieux les chiffons et de conter les petites nouvelles. Cependant, chacun ayant son caractère et ses enthousiasmes — le *nil admirari* est banni d'Italie — d'un étage à l'autre la causerie variait.

Celui-ci a littéralement tapissé d'œuvres d'art ses vastes appartements. Rien que des originaux, beaucoup d'anciennes peintures sur panneaux de bois. Son père avait commencé la collection qu'il a eu la bonne chance de compléter par de rares acquisitions. Cette galerie serait une fortune pour plus d'un musée français. M. W... en fait les honneurs avec une grâce parfaite, en connaisseur qui détaille les belles choses. Mme W... a les mêmes admirations et chaque jour ces peintures de maîtres sont saluées, choyées, caressées du regard. C'est mieux qu'en France où l'on estime trop souvent les tableaux d'après leur prix, où on se lasse vite de les regarder.

De charmantes jeunes filles, un jeune homme français d'esprit et de cœur, qui rêve avant tout de voir Paris. En attendant, il se nourrit de notre littérature et les théâtres français de Rome n'ont pas d'habitué plus assidu.

Un agriculteur ni plus ni moins érudit sur les sulfures de carbone et les cépages américains que nos plus intrépides viticulteurs. Il a su transformer une propriété et tirer d'un coteau stérile les vins les plus exquis. C'est une conquête. Il veut la défendre en romain.

Un enfant de dix ans toujours vif, changeant, agité, vraiment italien, affectueux avec passion, curieux d'apprendre, bien élevé, obéissant. Il est venu nous lire en secret, sans timidité, le compliment qu'il avait rédigé pour le jour de fête de sa chère petite maman, *cara mammina*. Comme la langue italienne chantait sur ses lèvres! La douce musique! En Agenais, vous parlez une langue de même famille. C'est à regretter pour nous, la défaite de la langue d'oc.

Les mères de famille ont un grand air aristocratique, *vera signora*, tempéré par la vivacité méridionale. Leur type est bien romain : une certaine plénitude de formes, des profils accusés, de larges yeux : tous les caractères de beauté, de force presque virile qui se retrouvent dans les bustes des matrones de la vieille époque, avec plus de jeunesse et plus de grâce.

Ces quelques mots ne vous feront point connaître assez nos hôtes, mais vous comprendrez nos regrets. Dans nos albums, quelques photographies italiennes seront associées à celles de nos amis.

En quittant Rome, il était dur de se dire un adieu pour toujours, et, voulant garder un peu d'espérance, nous avons dit, au revoir.

Je voudrais, cher ami, vous faire assister avec moi à une séance littéraire.

C'est au palais Altemps, dans une vaste salle décorée de statues symboliques en pied, superbes. La solemnité est plus grande que de coutume. On fête un anniversaire de saint Thomas d'Aquin. Le programme varié comprend bon nombre de discours ou de poésies en langue française.

On comprend à demi l'italien. Les lecteurs scandent les syllabes, accentuent fortement. Vous savez une langue de plus que moi, le patois d'Agen, et vous auriez compris tout à fait.

Voici une ode française sur le sujet du jour, pas mal lancée,

..... Mais Wurtz s'oppose à l'ardeur qui m'anime,

aurait dit le froid tyran du Parnasse. L'auteur n'avait pas été embarrassé pour si peu. Il connaissait l'auditoire. J'ai retenu le commencement d'une strophe : o Thomas ! et la suite : grand Thomas ! Il faut bien appeler chacun par son nom, Wurtz ou Thomas. Mais enfin, en France, on aurait ri peut-être. L'ode trop enflée était crevée du coup par cette piqûre d'épingle, souvent si profonde, le rire gaulois. A Rome, dans un auditoire de trois cents personnes, très attentif, j'ai constaté que personne n'avait souri, et que tout le monde avait applaudi.

Cette assemblée ne ressemblait pas aux autres, me dit un de mes plus chers compatriotes, qui habite Rome depuis six ans. Les séances ordinaires des académies italiennes sont moins solemnelles, plus originales. Le sans façon, l'imprévu, toujours l'enthousiasme pour le beau sous toutes ses formes, leur donnent un caractère que vous ne soupçonnez pas. Un morceau de musique alterne avec une poésie. Parfois on discute vivement et courtoisement. Chacun se retire content de lui-même et des autres. Voilà certes que je proclame un éloge ! C'est à croire qu'ils ont adopté et qu'ils pratiquent la devise de notre Société académique : *Nexu socianlur amico*.

Ce tableau pourrait bien être vrai. Il fait bon épancher toute son âme, son sérieux et sa gaieté, l'un corrigeant l'autre. Les Italiens ont les sentiments vifs et non dissimulés. Leur franchise spontanée est au-dessus du ridicule. En France, nous calculons un peu plus ; nous ne savons pas nous livrer tout entier, même à nos amis. Gardons bien réservé, comme dans un tabernacle, tout ce qui nous tient le plus au cœur, l'amour de la religion et du pays, les grandes affections, le culte des lettres ou des arts. La banalité seule est de bonne compagnie et son ordinaire suivante, la médisance insipide ou méchante. Rien de plus haut. Pas de généreux enthousiasmes, pas de naïves admirations. Le ridicule nous assiège. Pour éviter ses coups ne montons pas à la courtine : c'est la cible. Descendons dans le fossé ; le marais nous protégera.

J'ai rencontré partout des Italiens qui avaient toute la sincérité de leurs sentiments généreux et se plaçaient fort au-dessus de la moquerie. Ne pourrait-on pas profiter de la leçon, rentrer en France avec la ferme résolution de redouter moins le ridicule ? Ce petit bagage de philosophie ne payerait pas de droit à la frontière. Mais avez-vous jamais vu quelqu'un se corriger d'un défaut ou se guérir d'un préjugé ?

Je vous ai parlé seulement d'une société supérieure que j'ai entrevue et que j'aimerais. En descendant d'un degré dans l'échelle sociale, on retrouve quelques-unes de ces qualités. Pour tout ce qui touche aux questions d'art la nation entière comprend, apprécie, respecte mieux que nous. J'ai remarqué, cloué sur un angle des murs qui limitent le marché de Florence, un bronze ancien, une sorte de console ou d'applique grotesque. Il suffirait d'un coup de marteau pour détacher cet objet, qui a été reproduit par le moulage et la photographie et dont la haute valeur est fort connue. Et bien, dans un pays où se commettent journellement bon nombre d'escroqueries vulgaires, nul coupeur de bourses n'aurait la pensée de s'attaquer à cette œuvre d'art, qui a pris sa belle patine à la pluie, au soleil, admirée de tous, respectée par tous. Des statues exposées depuis trois siècles à Florence, à Rome, dans les rues, sur les promenades, sur les places, à hauteur d'homme, sont absolument intactes. En ce pays où l'on trouve toujours des circonstances atténuantes pour un assassinat, la mutilation d'une statue serait châtiée par des juges impitoyables. On m'a cité deux paysans de la campagne de Naples condamnés à six ans de travaux forcés pour avoir enlevé dans une rue de Pompéï, quelques dalles de pierres brutes.

Ce respect n'existe pas en France. Le plus spirituel de nos archéologues, P. Mérimée, fait remarquer (*Notes d'un voyage dans le Midi de la France*) que, chez nous, toute représentation de la figure humaine semble vouée à l'outrage. On citerait bien des preuves. La statuaire des portails de nos cathédrales, a été presque partout mutilée. De même les anciens tombeaux. Bien peu de têtes à la portée d'un jet de pierre ont pu échapper au vandalisme.

Je ne me crois pas obligé, cher ami, de vous dire tous les défauts de ce même peuple italien. Le chapitre serait long. A quelques lieues de Naples commence le domaine d'une association sauvage, la *camorra*. Ce sont nos mœurs de bandits et de routiers du moyen-âge. L'intérieur de la Sicile est inabordable.

A Naples, la paresse des lazzaroni est vivement traquée. Le régime actuel tend aussi à faire disparaître le fléau de la mendicité qui dépassait toutes limites. Il restera longtemps dans le pays, à Naples surtout, un alliage de superstition qui gâte les croyances religieuses, une facilité — quel euphémisme ! — de mœurs déplorable. Que sais-je encore ? J'ai vu et entendu bien des choses qu'il vaut mieux ne pas décrire et ne pas répéter.

Un seul trait pourtant qui démontre combien la rage du jeu et la croyance aux devins surexcitent et abêtissent cette population ignorante et passionnée. Pendant mon séjour à Naples, on promenait dans les rues des écriteaux portant ces mots : Révélation suprême du Frère Ambroise, puis trois chiffres, un terne pour le tirage de la loterie. Toute la ville a joué sur ces nombres fatidiques, l'un misant quelques sous, l'autre, quelques livres, les riches, de gros billets. Au tirage, le terne est sorti. Tout Naples avait gagné. Quelques mille francs produisaient plusieurs millions. Le hasard aveugle avait fait un grand coup. Voici comment on avait jeté les dés.

Frère Ambroise était quêteur pour son couvent et par conséquent très mêlé à la population, comme nos religieux mendiants du moyen âge. Le malheur a voulu qu'il se fit — qui sait comment ? — une réputation de sorcier. Tandis qu'il demandait son pain, il fut un jour appréhendé par un de ces terribles joueurs à la loterie, séquestré, battu, forcé d'annoncer les numéros qui devaient sortir au prochain tirage. Cédant à la force, il balbutia trois chiffres. Le geolier joua gros jeu et perdit. Redoublement de coups et aussi de très humbles supplications. Le désir de la liberté ou peut-être la peur ouvrit encore les lèvres du Frère. L'imprudent ! Un second terne eut le sort du premier. La fureur du bourreau fut à son comble et, lorsque enfin la police put intervenir après quelques semaines, le Frère à demi-mort fut transporté d'urgence à l'hospice. A Naples, les infirmiers, comme les prêtres, ont aussi la faiblesse de jouer à la loterie. Frère Ambroise avait le délire. Tout en le soignant, on le tourmentait encore. Le pauvre homme prononça deux chiffres avant de mourir et, cette révélation fut recueillie avec le plus grand respect, et divulguée pour le bien commun par les gens intéressés. Mais ce n'était pas un terne, et la rage est de jouer sur trois numéros. On combla facilement cette lacune au moyen d'un livre cabalistique très populaire qui recommande des chiffres dans un ordre bizarre, à choisir de préférence selon qu'on a subi des événements heureux ou malheureux, avec toutes les variations qui existent entre les deux termes extrêmes. On prit dans la série des grands malheurs, la mort du Frère Ambroise justifiant le choix. Cet ingénieux mécanisme a produit son effet, par miracle. Naples portera peut-être des couronnes sur la tombe de l'infortuné prophète. Mais pourvu qu'on n'assassine pas un Frère à tous les tirages !

J'ai vu les affiches colportées avant le dénouement. J'ai lu dans les journaux le récit de cette tragédie ridicule et navrante. Je douterais peut-être encore si cette histoire ne m'avait été racontée dans tous ses détails par deux témoins différents, dont l'un est un français. Sa femme avait joué quelques sous sur ce beau coup et gagné **250 francs.**

En ce moment même, à Naples, on poursuit l'éternel procès contre l'abbé M... qui, l'année dernière, a gagné des millions sur un quaterne. Il est accusé d'avoir fait parler le sphinx, d'avoir falsifié le tirage. J'ai lu quelques comptes rendus sur cette affaire plus embrouillée qu'édifiante.

Aurions-nous en France de pareils spectacles si les loteries étaient autorisées ou qui plus est tenues par l'État? Je l'ignore. Mais Dieu nous garde de cette peste !

Les costumes originaux sont fort rares dans les grands centres que j'ai parcourus. La livrée parisienne a tout supplanté. Cette constatation peut faire la gloire de nos couturiers mâles et femelles et caresser l'épiderme de notre patriotisme ; elle désespère les touristes en quête de pittoresque.

A Gênes, j'ai rencontré par hasard une seule femme fort âgée, enveloppée dans son grand voile, le classique *mezzaro* que les nouvelles générations ne connaissent plus. C'est vraiment dommage.

A Rome, dans les grandes familles, on se procure à grands frais des nourrices d'Albano, généralement belles et robustes. Le choix est bon ; mais toute mode est faite aussi de vanité. Il faut bien que ces bonnes accusent leur origine par leur costume. C'est un vrai diplôme, un extrait de l'état civil. Les modèles pour les artistes ressuscitent également les vieux usages à la plus grande joie des peintres de genre. Voilà tout simplement une industrie. Ces modèles, vieillards, femmes, enfants, sont nombreux aux abords de la place de la Trinité du Mont.

A part ces exceptions toutes conventionnelles, vous le voyez, nul ne s'habille comme son grand'père et sa grand'mère. Parmi les femmes qui portent de leur plein gré les costumes de la campagne romaine je n'ai rencontré que des vieilles qui viennent à Rome pour les marchés.

A Naples, rien de particulier pour la forme des vêtements. Les femmes du peuple professent un grand amour pour les couleurs éclatantes, surtout le rouge, et, dans les faubourgs où la population pressée s'agite sans cesse et bavarde en plein air, les écharpes, les foulards, les jupes aux teintes bariolées forment de véritables mosaïques.

Comme les costumes français, la langue française envahit l'Italie. C'est une conquête d'un ordre plus élevé. Le *Corso* de Rome paraît être une succursale de nos boulevards. Le succès frelaté de *Nana* y fait, comme chez nous, la joie des libraires.

Avec les cochers et les guides on éprouve rarement quelque difficulté pour la conversation. Presque tous comprennent. Ils répondent sans broncher par n'importe quels barbarismes ou solécismes imités de la langue d'oil, fourrent d'italien cette littérature, appuyent le tout du geste d'une façon souvent comique. Si l'on rit de leurs fautes, ils rient plus fort. Que leur importe de mal parler, l'essentiel est de se faire comprendre. Ils ont raison. Nous n'avons pas cette logique : toujours de peur de faire rire, nous préférons nous abstenir d'écorcher l'italien. D'ailleurs c'est un bon parti. La première fois que je m'avisai de demander tout simplement du macaroni en employant des finales en i et en o, j'eus si peu de succès — mes compagnons de voyage en rient encore — que j'ai bien juré de ne plus forcer mon talent.

Il est temps d'en finir avec ces histoires, cher ami. Je réserve Naples pour une prochaine lettre. Un de mes amis, qui n'écrit jamais moins de huit pages appelle ses correspondances des épîtres. J'ai si fort dépassé le nombre de huit pages que je n'ose plus compter. Est-ce une épître, une notice, un volume ?

Je suis toujours tout à vous.

NAPLES.

—

Naples, 17 mars 1880.

Cher Ami,

Votre lettre m'apporte de bonnes nouvelles. Voilà notre Musée d'Agen enrichi du coup par l'achat de la collection de M. Combes. Il est fondé, il vit, il vivra toujours. Il est du petit nombre de ces œuvres que le temps fortifie loin de les détruire.

Les neuf dixièmes de nos musées de province ont moins d'un siècle d'existence. Que seront-ils dans trois cents ans, si la France maintient son rang dans le domaine élevé des arts? Espérons largement. Nos écoles de peinture n'ont pas de rivales. Nos bronzes parisiens, à la condition qu'on fasse un choix, peuvent être comparés à ces œuvres admirables tirées de Pompéi que je ne me lasse pas d'étudier, à ces superbes statuettes florentines, que je crois avoir encore sous les yeux. Nos animaliers égalent les anciens maîtres; peut-être les dépassent-ils. Je crois aussi que nos céramistes arriveront à faire aussi bien que les artistes grecs, étrusques et romains, que les faïenciers du xvi° siècle. Un jour viendra peut-être où la France, dont les monuments me paraissent non moins nombreux, non moins intéressants que ceux de l'Italie, sera devenue aussi l'égale de ce pays privilégié pour les richesses artistiques. Alors chacune de nos villes méritera qu'on s'y arrête, et, chez nous comme ici, les musées offriront les plus curieux sujets d'étude.

Les écoles italiennes datent de quatre ou cinq siècles. Quelle supériorité donnent ce grand âge et ces vieilles réputations ! Parfois l'admiration est exagérée et des œuvres surfaites ne résistent à nos critiques qu'à la faveur de la coutume. Les connaisseurs eux-mêmes subissent les clichés et les glissent dans leurs propres récits. Facilement on exagère le mérite des vieux maîtres ; plus facilement encore on est injuste pour les contemporains.

Un triage se fera dans les œuvres des quelques dizaines de peintres qui tiennent chez nous et partout le premier rang. Mais combien de belles choses resteront. Combien un jour l'on regrettera que notre Musée du Luxembourg n'ait pas eu trois fois plus d'ampleur, et ses directeurs trois fois plus d'argent ! Si du moins on s'habitue à faire des musées de province autant de succursales de ces galeries des œuvres modernes, soyez sûr que nos arrières-neveux auront le droit d'être fiers.

Voilà de bien grands mots à propos de notre petite fondation. Si je suis coupable d'exagération, de grâce, cher ami, partagez ma faute. C'est vous qui me ramenez dans notre chère Gascogne.

Ma lettre ne saurait cependant être toute française ; à mon tour, je vais vous conduire par delà les mers, à Naples où je suis.

La ville n'a pas de monuments de premier ordre ; un site incomparable fait toute sa beauté. Du Pausilippe au faubourg opposé de Résina, jadis Herculanum, elle étale un double croissant et cerne le fond du golfe. Le cap formé par l'intersection de ces deux courbes est occupé par un château-fort du moyen-âge, sujet de légendes sinistres. Une ceinture de maisons blanches, posées au bord de la mer bleue, se déploie sur cette ligne harmonieusement cambrée comme une statue grecque. Si vos pas veulent en prendre la mesure, préparez-vous à marcher deux heures. Le centre de la ville fait face au port. Il a plus de profondeur qu'on ne pourrait le soupçonner à première vue. Là, des rues nombreuses s'étagent et se croisent sur les flancs de *Capo di monte*, couronné par un fort. La grande arête du Pausilippe, à l'Ouest, se relie à ce point culminant. Partout, de ces hauteurs, l'horizon est superbe. A l'Est, le Vésuve se dégage des coteaux, isolé, soulevant en plein relief, à douze cents mètres d'altitude, son cône panaché de fumée blanche. L'arc de cercle du golfe se prolonge par une ligne droite au sud-est et se referme plus bas.

Ces rives abritent Pompéi, invisible dans une plaine, et Castellamare groupé sur les pentes sombres des volcans éteints. En face, tout embrumés d'azur transparent, le promontoire de Sorrente et Capri. Procida et Ischia, rejetées bien à l'Ouest, ne sont pas en vue du port. Un vaste espace sépare Capri, pleine des souvenirs du monstre Tibère, des iles où l'on évoque la douce image de Graziella.

Le premier souci du touriste est de parcourir la campagne de Naples. Les antiquaires pressés ne sont pas parfaits comme les autres hommes. C'est pourquoi, j'ai eu le triste courage de consacrer mes deux premiers jours au Musée. Une vraie passion pour l'art antique m'a fait triompher de toutes les tentations des sirènes du golfe : pour revoir le Musée un troisième jour, j'ai renoncé à Capri, à la grotte d'azur, à Castellamare, vers lesquels voguaient, par un temps favorable, mes compagnons de voyage. J'avais même sacrifié le Vésuve, pour donner une quatrième journée aux vases italo-grecs, — des merveilles de l'art, — et aux vingt mille bronzes de Pompéi. C'était bien fort. Je méritais d'être puni et de voir malgré moi le Vésuve. On avait choisi pour l'ascension du volcan un jour de fête, l'anniversaire de la naissance du roi. Je venais de dire un adieu un peu triste. Chacun tirant de son côté, nous nous séparions sur la place du palais royal absolument encombrée. On passait à ce moment une grande revue et je pouvais apprécier une fois de plus les milices italiennes.

Partout où, depuis Gênes jusqu'ici, j'ai vu défiler des soldats, leur bonne tenue m'a frappé. Au pas redoublé de nos chasseurs de Vincennes, ils courent en bon ordre à travers les rues, entraînés par des clairons qui sonnent avec *furia* dans les tons aigus. Vêtus de gris, de taille moyenne, souvent imberbes, bruns, l'œil vif, alertes, proprement lavés et brossés, ces miliciens tranchent avec la population souvent apathique et sordide d'où ils sont sortis pour y rentrer bientôt. Un contraste encore plus singulier. Les officiers ont une taille plutôt grande que moyenne et semblent issus d'une autre race que leurs inférieurs. Ils se drapent fort bien dans leurs vastes manteaux taillés tout d'une pièce. Cette revue confirmait toutes mes impressions. A juger par les apparences, l'Italie possède une belle armée.

Après un coup d'œil à cette parade, je poursuivis mon chemin.

Le Musée de Naples est fermé seulement quatre jours par an, disent les guides. Ils ont oublié les grands anniversaires. Tout à coup, en présence de cette fête qui ébranlait toute la ville, j'y songeai, trop tard. Le Musée est assez loin. J'allai jusqu'aux portes. Fermé. Je regardai le Vésuve qu'on voit de partout; je constatai que mes compagnons devaient avoir huit ou dix kilomètres d'avance. Mon parti fut pris malgré tout spontanément. Que faire à Naples tout un jour sans le Musée? Après avoir acheté une canne ferrée, je fais signe au premier cocher venu. « Comprenez-vous le français? » — « Si, signor. » — « Bien, vous allez me conduire jusqu'à la route « de l'Observatoire. » — « Si, signor. » — « Pour combien? » Le chiffre 3 livres fut indiqué par ce geste familier entre étrangers qui consiste à développer trois doigts d'une main. Ce n'était pas français, mais international. Je marchande, en montrant deux doigts. « Si, si, « gnor. » — Accepté et l'automédon m'entraîne du côté de Capo di Monte et du Pausilippe, tout à l'inverse. Je laisse faire d'abord. Peut-être cherche-t-il à gagner par un détour une route plus commode. Sa rossinante est laide comme tous ses confrères napolitains, malheureux quadrupèdes, souvent rossés, nourris de chiendent, et qui, malgré tout, traînent vaillamment leurs carrioles, faisant sonner des écailles et des bibelots de cuivre. Ses harnais plaqués, enjolivés, reluisent comme une batterie de cuisine et, sans doute, fière de cette parure, la pauvre bête fait feu des quatre fers et m'éloigne de plus en plus. Il était temps de faire cesser la méprise. Je frappe sur l'épaule du cocher, le bras tendu je lui fais voir la montagne : « Vesubio. » — « Si, signor. » Et le voilà reprenant son contre-pied avec le flegme le plus parfait.

J'étais enfin dans la direction ; les trois quarts du problème restaient à résoudre. Je ne possédais pas de cartes, mais, comme une faible compensation, le catalogue inutile du Musée de Naples. Arrivé à Résina, je fus cerné par le personnel des guides presque obligatoires qui vous devinent à première vue et parlent, ceux-ci, un excellent français. Trois ou quatre de ces avocats intéressés plaidèrent leur cause et moi tout seul la mienne. « Vous êtes forcé de prendre un « guide. « — « Ce n'est pas un décret. » — « On vous conduira par « des chemins qui abrègent. » — « Il y a donc des chemins plus « courts que la grande route. Merci de ces indications. Je les trouverai. » Les quatre officieux furent démontés, jurèrent entre eux à la napolitaine, c'est-à-dire comme de beaux diables, et je partis seul.

J'étais à peu près au niveau de la mer et j'avais en face de moi la montagne dans toute sa hauteur. Il fallait non seulement atteindre le sommet, mais aussi rejoindre mes compagnons sur ces pentes inconnues. L'Observatoire, bien en vue, est aux deux tiers de la pente. Là cesse la route. En avant ! J'oubliai que Résina est Herculanum, que le chantier des fouilles est à quelques pas de là. Le temps était précieux. Le soleil de midi brûlait la poussière, frappait les talus et transformait les sentiers creux en étuves. Je commençai l'ascension au hasard, tout droit, par les petits chemins de traverse les plus rapides.

Je m'ennuie rarement à courir tout seul la campagne. L'habitude en est prise forcément. C'est ainsi que depuis quatorze ans, j'ai dû parcourir toutes les communes du Lot-et-Garonne. Ces longues étapes silencieuses ont leur charme quelque peu égoïste, souvent amer. La solitude est une épreuve qui peut amollir ou fortifier. Chemin faisant, tantôt la pensée s'exalte et l'on ressent en quelques secondes des impressions que l'on ne saurait traduire lorsque, bien assis en face de son bureau, la plume à la main, on écrit froidement une lettre ou un article. Parfois c'est le passé, qui défile triste ou joyeux; souvent aussi l'avenir apparait, et, bien au-delà de la route banale, on fait, non plus à pied mais à tire d'ailes, de singuliers voyages.

J'ai toujours regretté de ne pas avoir, durant ces courses au clocher, où je ne compte pas les kilomètres, quelque ami comme vous pour m'accompagner. Je n'ai jamais aimé à passer de longues heures en tête-à-tête avec un étranger soldé qui s'efforce de vous donner des explications agaçantes, comme pour avoir l'air de gagner son argent. C'est pourquoi, dans mes vacances d'archiviste, j'ai préféré explorer sans guide les environs de Luchon et de Cauterets, ces montagnes pleines d'eaux vives, teintées de vert, semées de fleurs, — nos belles Pyrénées.

Quel paysage différent au Vésuve ! Pas de ruisseaux, pas de bois, pas de prairies. Le premier tiers de la montagne, en pente douce, très fertile, est planté de vignes, les unes taillées près du sol, rampantes et libres, les autres rattachées à de petits arbres, suivant la vieille coutume italienne. Çà et là des champs de blé, gardés par quelques masures. Au dessus toute une zône de laves noires, absolument stériles ; plus haut encore, de grands éboulis de cendre grise, coupés irrégulièrement par des arêtes, dont le relief change à chaque éruption. Enfin le cratère, qui, vu de loin, forme une couronne dans un plan horizontal.

Le sentier que je suivais se perdit bientôt dans les coulées de laves.

Cette surface qui, de Naples, paraît unie, est, au contraire, rugueuse et tourmentée. Ces masses n'ont pas été précipitées comme l'eau des gaves et l'on ne trouve nulle part de chute perpendiculaire. Elles ne se nivellent pas non plus comme l'eau des lacs. Elles serpentent, glissent lentement en contournant les obstacles ou s'accumulent sans ordre. Un refroidissement graduel, l'effet des poussées ont agi sur ces torrents de boues enflammées et leur ont donné des formes bizarres, d'étoffes *ballonnées*, d'écheveaux tordus et embrouillés. Ces rochers ont toute la rugosité des scories de forge. Quelques atômes de leur surface se rompent sous vos pas, avec le grincement du verre qui s'émiette, seul bruit qui trouble un grand silence. Partout la solitude. Nulle cabane dans ce désert, nul oiseau qui chante, nul insecte qui vole et bourdonne. Ces aspects, cet étrange milieu m'ont reporté quelques heures aux vieux âges du monde. Des millions d'années ont passé depuis que la terre faisait partout éclater son écorce et flamboyer ses volcans énormes. Quelques témoins des premières convulsions restent encore, et, des régions que les eaux ont baignées et délaissées tour à tour, terres grasses et fécondes, qui sont devenues son domaine, l'homme contemple avec stupeur ces monstres, comme le Vésuve, toujours indomptés, à la fois formidables et magnifiques.

Toute sa puissance centuplée par les engins lutterait vainement contre leurs forces déchaînées. Dans l'ordre établi, avec la prescription des siècles, un volcan nous apparaît semblable au dernier refuge d'un génie supérieur et mauvais qui se fait un jeu d'ébranler et de détruire.

L'Observatoire est bâti sur un tertre presque isolé, d'où la vue est déjà fort étendue. Il est loin du cratère et paraît protégé par sa hauteur relative. On a peine à comprendre que la sécurité n'y soit pas complète, quoi qu'il arrive. L'expérience a démontré le contraire : c'est tout près de là qu'ont eu lieu les accidents causés par a dernière éruption.

Mes chers touristes avaient dépassé l'Observatoire. Impossible de trouver le cocher qui les avait conduits. Il avait dételé et disparu. Les renseignements donnés dans les auberges étaient contradictoires. Les deux dames et ce monsieur dont je parlais devaient être déjà fort loin.

Après quelques bonnes rasades de vin blanc de la montagne, qu'il ne faut pas confondre avec le *lacchryma Christi* introuvable et, je crois, fabuleux, je me dirigeai vers le cratère. Au-delà d'une mer de laves, la zône des cendres éboulées semblait taillée à pic. De temps à autre un nuage glissait sur ces pentes. C'était la trace d'un touriste invisible, qui opérait sa descente, plongeant jusqu'aux genoux dans les scories fines comme le sable. Descendre n'est rien ; autre chose est de monter. J'aperçus au loin un groupe presque immobile de huit ou dix personnes. A la couleur de quelques costumes je ne pouvais me méprendre, mais pourquoi ce cortège ? Lorsque j'apparus à la grande surprise de mes compagnons, je m'en rendis compte bien vite. Les guides savent par expérience que cette ascension dans les éboulis dépase les forces ordinaires. C'est pourquoi six d'entre eux avaient obsédé et suivi la petite caravane, attendant le moment où l'on réclamerait leurs services. Ils ne furent pas déçus. Voici de quelle façon ils viennent en aide. Deux guides tiennent par les extrémités et dans le sens transversal un gros bâton, que l'on saisit au centre des deux mains ; ils tirent, un troisième pousse. C'est ainsi que, par hue et par dia, on gagne la cime, en attendant l'ouverture prochaine du chemin de fer funiculaire. Inutile de vous dire que je refusai tout secours. Décrivant des lacets, résigné à faire toujours quatre pas pour avancer de quatre décimètres, j'arrivai le premier à la brèche terminale. Mon ami, qui me suivait de près, s'arrêta frappé d'étonnement. Il nous avait décrit par avance le cratère qu'il avait vu il y a dix ans. C'était alors un immense entonnoir. Tout est changé ; l'éruption de 1872 a comblé cet abime. Partout des blocs énormes et rugueux juxtaposés et superposés pêle-mêle, séparés par de profondes fissures, d'où se dégage un air brûlant. Sur un côté le cratère adventice. C'est un *tumulus*, en pain de sucre, formant la gaine de l'énorme cheminée, d'où se dégage avec des sifflements aigus et des grondements sourds, une colonne mouvante de fumée sulfureuse. En se plaçant sous le vent, la respiration est presque impossible. Pour se faire entendre de son voisin il faut crier. Le spectacle est écrasant. Nous avions un bon jour. La montagne en colère s'illuminait parfois et projetait à cinquante mètres des éclats de laves. Cette mitraille retombait d'un côté. Je pris l'autre versant pour monter jusqu'au sommet du cône. On peut s'épargner cette dernière fatigue, car, de près comme de loin, on ne voit rien autre chose que de la fumée. L'orifice du volcan m'a paru avoir de cinq à six mètres de diamètre. La vapeur qui s'en dégage à pleine gueule forme un nuage barrant le ciel d'un trait horizontal de plusieurs lieues.

Il est permis d'allumer un cigare aux laves rouges qui coulent des fissures.

Je m'empressai d'aller à quelque distance. Je voulais bien voir dans son ensemble ce paysage pour lequel manquent tous les termes de comparaison. La lave fraîche a les teintes les plus variées, le gris sombre, le gris perle, le vert à demi transparent, le jaune orangé. Une fumerole, qui boursoufle les flancs du cône, donnait aux scories des tons d'un rouge carmin en application sur des couches pâles de soufre natif. Quels rochers invraisemblables ! quel tableau impossible à peindre ! A ce moment je ne regrettais plus les bronzes du Musée de Naples.

En voilà beaucoup trop, cher ami, sur une montagne que va déflorer un chemin de fer et qui est à peu près inédite comme la butte Montmartre.

On vante beaucoup les levers et les couchers de soleil vus du haut du Vésuve. Mais, en dépit d'un temps magnifique, l'horizon du golfe nous apparaissait noyé dans une brume grise. Avant la nuit, nous avions opéré nos glissades et regagné l'Observatoire.

Bien plus que nos montagnes vertes et boisées la campagne de Naples exige une lumière ardente. Un paysage est composé de deux éléments, le relief qui ne change pas et les couleurs qui tiennent aux saisons, aux moindres accidents. Un rayon de soleil entre deux nuages et tout se transforme en quelques minutes.

Il y a des tons chauds que font rêver les aquarelles accrochées dans toutes les boutiques napolitaines où l'on exploite l'art et le bric-à-brac. Ces bleus violents, ces verts foncés, cet or mêlé de pourpre, ces violets étranges auraient-ils été créés par la palette des peintres, qui imitent bien plus qu'ils n'inventent, qui copient bien plus qu'ils ne composent ? Non. Tout cela existe. Des napolitains, des étrangers fixés à Naples me l'ont dit. C'est aux mois de juillet et d'août qu'il faudrait faire le voyage. Les couchers de soleil éclatants ; les soirées lumineuses et tièdes du pays du Midi ; parfois des nuages colorés aux flancs du Vésuve ; un orage sur le golfe : ce sont les merveilleux spectacles de l'été ; Naples en hiver n'est point Naples. Ils avaient raison ; ils répétaient le conseil du plus artiste de nos voyageurs, Théophile Gauthier, qui recommande de visiter chaque pays dans la saison propre à le faire valoir, Saint-Pétersbourg blanchi par la neige et la Provence brûlée par la canicule.

Cependant, un soir, des hauteurs du Pausilippe, j'ai pu voir un de ces tableaux des pays du Midi. Les derniers rayons du soleil éclairaient vivement le sommet du Vésuve et le panache de fumée avait pris des teintes d'or. La montagne semblait vêtue de brume violette. De tels effets de lumière sont bien rares, mais non pas tout à fait inconnus dans notre Agenais.

C'est par un mauvais temps que j'ai fait l'excursion de Pouzzoles et de Baïes. Le ciel était nuageux et la mer, que l'on côtoie longtemps, était grise et comme souillée. Les promontoires, les îles offraient un paysage d'hiver froid et sans vie. Je me suis un peu rattrapé sur les monuments et j'ai fait de confiance quelques-unes des haltes recommandées.

Entre napolitains et touristes tout est convenu, comme dans un dîner à la carte. Si vous allez à Capri, vous saurez ce que coûte le plongeon d'un pêcheur dans la grotte d'azur. Cela produit, paraît-il, de curieux effets de couleur ou d'optique, à prix fixe.

Sur la route de Baïes on trouve la grotte du chien. Un malheureux quadrupède est là pour l'expérience classique. Convulsions tarifées ! L'évanouissement se paye cher. Je crois, sur parole, que tout cela ne vaut pas une visite.

Une seule de ces fantaisies nous a tenté. On a dansé devant nous la tarentelle, sous la rotonde d'un temple païen. Nous avions ressuscité la corvée : les touristes en ont pour leur argent, car on ne leur a promis ni la fougue ni la conviction. Cette danse soldée par la curiosité est aussi froide que le parvis de ce temple, qui ne voit plus de croyants prosternés et qui voile à peine ses blessures sous un manteau de lierre. Quatre femmes, dont deux vieilles, nous donnaient ce maigre spectacle. Une seule fixait l'attention, non par sa beauté, mais par sa couleur noire, une vraie mauresque. J'oublie une joueuse de tambour de basque, qui marquait le rhythme lugubrement. Total, cinq. Notre guide avouait que ces pas mal cadencés n'étaient qu'un mauvais pastiche. Il faudrait les voir, disait-il, jeunes filles et garçons, dansant, tourbillonnant follement un jour de fête. Je n'ai pas de peine à croire qu'on peut faire mieux ou plus mal.

L'Averne n'a rien de l'enfer décrit par les poëtes. La solfatare de Pouzzoles ne vaut pas une visite : un cirque dénudé, sans grandeur, un peu de fumée dans une grotte, de jolies bruyères à fleurs blanches odorantes, c'est tout. Désenchanté, tout le jour j'ai maudit les nuages.

Je vous ai déjà parlé du Musée de Naples. Il est temps de vous y conduire. Là se trouvent assemblées les dépouilles opimes d'Herculanum et de Pompéi. Les marbres, les bronzes, les poteries, les bijoux, d'un transport facile, sont venus sans peine prendre leurs places dans les galeries et sur les rayons des étagères. Tous ces objets se déménagent comme des meubles. On a fait plus. Les travaux d'une exécution difficile n'effraient pas dans un pays où l'on a eu l'art si laborieux de dérouler et de déchiffrer les centaines de cylindres carbonisés qui constituaient les bibliothèques d'Herculanum. Souple et prêt à remplir toutes les tâches, l'italien peut avoir, à l'occasion, la patience allemande. On a transporté tout d'une pièce les fresques les plus intéressantes de ces deux villes brusquement endormies, qui se réveillent après dix-huit cents ans. Ainsi mises à l'abri, ces compositions charmantes dureront encore des siècles pour démontrer que chez les anciens les peintres devaient lutter à forces égales avec les sculpteurs. Il faut toutefois admettre que les fresques de Pompéi ne sauraient être regardées comme des tableaux. Il n'est pas probable que la réputation d'un seul des artistes qui les ont exécutées ait dépassé les murs de cette ville. Et cependant nous sommes sous le charme. Que devaient être les chefs-d'œuvre exécutés sur le marbre, sur le bois, sur la toile, par les grands peintres de la Grèce et de Rome ? Nous le pressentons à peine et nous ne pouvons que regretter les ruines irréparables du temps. Tous les textes des auteurs anciens, toutes les admirations posthumes ne sauraient refaire un tableau, cette œuvre d'art fragile entre toutes.

Les mythes religieux ont largement inspiré les artistes de Pompéi. Une théogonie poétique, légendaire, sensuelle, pouvait fournir les scènes les plus variées à l'imagination des peintres. Les dieux n'avaient pas de proportions surhumaines. La femme, l'enfant jouaient leurs rôles dans l'Olympe. Tout cela ne dépassait pas de beaucoup le niveau des tragédies humaines et des romans invraisemblables. Parfois même on empiétait sur le domaine de la comédie. D'ailleurs rien de forcé ni de triste ; la sérénité, la joie partout. Les dieux de Pompéi sont aimables et les déesses charmantes. Le beau temps où l'on croyait aux Muses, où l'on sacrifiait aux Grâces ! Ces beaux souvenirs ont inspiré jusqu'aux poètes catholiques du xviie siècle.

Un des vices de cette civilisation ancienne si parfaite, si raffinée, sous quelques rapports supérieure à la nôtre, se laisse entrevoir à travers les réseaux de gaze qui voilent à peine les bacchantes. Auprès des statues antiques, chastes, toutes vêtues de leur beauté, toutes rayonnantes, la peinture pompéienne fait contraste. Le ton de la chair éclate trop vivement sur les épaules nues et parfois le sourire du faune a gagné les lèvres des femmes. Au milieu des groupes des héros de la fable, des théories de danseuses, des épisodes de la vie commune je cherchais l'expression d'une pensée sérieuse, d'un sentiment élevé. Certains types ont de la grandeur, expriment la force et rien de plus. Perdue dans le nombre, encadrée dans un panneau de proportions modestes, au fond noir, une petite figure m'a semblé faire exception. C'est le portrait d'une jeune femme. Complètement drapée dans une toge rose, elle est assise, penchée en avant, le coude appuyé sur un genou, rêveuse. Ce joli modèle on le copiait, et j'en fus surpris. Le rose, il est vrai, fait si bien sur le noir, surtout quand il s'y mêle du blanc, et la tête est blanche. Le copiste avait peu de succès. Les célèbres danseuses d'Herculanum sont reproduites dix fois par jour et trouvent dix fois des acheteurs. Je n'ai pas rapporté le portrait de la jeune fille à la toge rose, mais je verrai toujours son image dans mes souvenirs. Elle fait songer et comparer. Auprès d'elle on peut évoquer tour à tour ces figures énigmatiques que nous lègent une nation, parfois un homme : le grand sphynx d'Egypte dont les yeux démesurés contemplent depuis six mille ans le désert et sondent l'infini; le *Penseur* de Michel-Ange, peut être tourmenté par le sentiment de la vanité des grandeurs humaines. Une autre figure m'apparaissait, non moins rêveuse et plus triste, une statue de femme, moderne, placée sur une tombe dans le *Campo santo* de Pise. C'est l'*Inconsolabile*, qui se lamente et cherche vaguement quelque chose là-bas, en avant. Tout ce que notre âme a d'aspirations vers l'insaisissable idéal, de déceptions dans la réalité, de troubles dans l'espérance, d'affections brisées ou de tristesse profonde, tout ce qui élève l'homme une seconde pour qu'il retombe une seconde après dans la chute des besoins grossiers et des passions communes, tout cela ne se voit pas et nul pinceau, nul ciseau d'un artiste ne pourra jamais le rendre et le fixer. Mais qu'une œuvre même imparfaite exprime un sentiment, elle s'impose et nous inquiète; nous voudrions arracher à ces faibles reliefs de la pierre, à cette surface simplement chargée de couleurs le secret d'une pensée.

Si vous étiez là, cher ami, il serait temps de me crier gare. Je tourne au voyageur sentimental. Faute impardonnable ! Ce n'est plus à la mode.

Après tout, quelle folie de vouloir pénétrer le secret de cette aimable pompéienne. Les songes que je lui prête, sans doute, ce sont mes propres songes. Si c'était une coquette vulgaire? La coquetterie est vieille comme le sixième jour de la création. Eve était rêveuse en cueillant le fruit défendu pour sonder l'avenir, et peut-être elle fut coquette en le partageant.

Et dire que j'avais juré trois fois de ne plus faire de digression ! Me voilà dans le paradis terrestre, plus loin que le déluge. Je rougis comme un avocat à l'audition des *Plaideurs*

Vous avez remarqué qu'avec tout cela je reste incomplet. Je ne vous ai pas dit un mot de mon itinéraire. Je ne vous ai pas donné le chiffre des *Titiens* que j'ai admirés. Je suis même coupable de ne vous avoir rien dit du Titien. Je butine sans ordre. Un rien m'arrête. Mieux vaudrait s'en tenir aux ensembles, grouper les observations plutôt que d'analyser les détails. L'Italie offre les plus hautes leçons à qui sait comprendre. Au point de vue de la peinture et de la sculpture, Pompéi et le Musée du Vatican résument l'art antique. Fra Angelico, à Florence fait comprendre les quatre derniers siècles du moyen-âge en Europe. Raphaël et Michel-Ange, c'est la Renaissance.

Tout cela est bien tranché. Autant d'époques, autant de caractères. Il n'en est pas de même de notre temps. A défaut de style original, nous savons tout apprécier et nous excellons à tout copier. Cette tolérance, ce goût facile nous font tomber un peu dans le pêle-mêle. Mais nous devons avoir aussi quelques bonnes raisons. Pourquoi ne serait-il pas permis d'admirer à la fois le Parthénon et la Sainte-Chapelle, les œuvres de Michel-Ange et celles de Fra Angelico? Je vise les hauteurs. Mais, si la théorie n'est pas fausse pour les chefs-d'œuvre, elle doit être vraie pour les moindres objets qui ont un style. Si vous ne pensez pas comme moi, cher ami, condamnez-moi tout d'une pièce, car je deviens de plus en plus éclectique. A coup sûr, les anciens seraient ébranlés s'il leur était donné de revivre. Depuis eux on a beaucoup créé, beaucoup appris. Les idées, les inspirations s'échangent comme une monnaie courante. Nous pouvons promener nos fantaisies d'artistes ou d'amateurs à travers tout notre monde, dont on fait le tour en trois mois, et qui finira par n'avoir rien d'inédit, à travers tous les âges, dont on recueille pieusement les restes. Les anciens ne possédaient qu'un petit domaine. Comme ils l'ont bien défriché !

L'unité de l'art antique est remarquable et sa diffusion extraordinaire. A lui tout seul, le Musée de Naples, avec sa collection de bronzes, en ferait la preuve. Un seul exemple, pour ne pas abuser des nomenclatures. Détachez la pièce principale de l'égide de Minerve, un superbe motif, la tête de Méduse, vous la retrouverez reproduite sous plus de cent formes différentes, en appliques sur les portes, sur les ornements de sellerie, sur les anses de seaux et de chaudrons. Je dis bien de chaudrons, car les cuisines de Pompéi renfermaient des œuvres d'art.

Je vous ai parlé du butin de Pompéi, qui fait la richesse du Musée de Naples, mais non de Pompéi lui-même. J'ai donné tout un jour, c'est-à-dire bien peu de temps à cette immense ruine encore toute parée, coquette et presque vivante. J'ai perdu pendant huit heures toute notion du temps écoulé entre l'éruption du Vésuve, en 79, et l'année présente. J'étais devenu le contemporain de Titus ; je me demandais pourquoi le forum était désert.

La voie ferrée qui mène de Naples à Pompéi est bordée de petites masures recouvertes, comme en Orient, non par des toits mais par des terrasses. Il ne semble pas que les maisons de Pompéi dussent offrir des dispositions pareilles. Les toitures manquent, le reste est intact. Ces maisons généralement fort petites sont bâties sur des plans presque uniformes. Elles ont une ou deux petites cours intérieures correspondant à des pièces étroites. Nos plus minces bourgeois tiennent à coucher, à dîner, à parader plus au large, mais aussi le papier peint leur suffit.

Les murs des habitations, d'une faible épaisseur, sont bâtis en pierres du pays, des laves de petites dimensions. Les fûts des colonnes sont généralement en briques. Le marbre est rare et le stuc peint composé tous les revêtements à l'intérieur. Cette décoration caractérise Pompéi. Etait-elle appliquée aussi généralement dans toutes les villes romaines au premier siècle de notre ère ? C'est douteux ; ailleurs on pouvait préférer les placages de marbre, les boiseries, moins riches à coup sûr que ces panneaux à fonds rouges ou noirs encadrant des tableaux, bordés et semés de courses de feuillage et de dessins géométriques. Sous le rapport des peintures murales, tout varie d'une maison à l'autre et dans la même maison d'une pièce à l'autre. Pompéi fournit des milliers de types. L'harmonie dans l'association des couleurs, la fécondité dans l'invention des motifs, frappent d'étonnement. Il a fallu tout le talent de Raphael et de ses élèves pour ressusciter cet art perdu dans la merveilleuse décoration des *loges* du Vatican. Et même on peut soupçonner ces grands peintres du XVI° siècle d'avoir beaucoup imité. En ce temps, Pompéi n'était pas encore exhumé, mais il existait à Rome de beaux restes de décoration du même style.

Toute l'originalité de Pompéi est non dans les dimensions de ses édifices publics ou privés, mais dans ce luxe des peintures murales et des mosaïques, dans la diffusion prodigieuse d'un art appliqué aux objets de l'usage le plus vulgaire. Aucun bronze qui ne se recommande par sa forme sinon par son ornementation. De plus, la conservation de ces belles choses tient du miracle. Le bronze est revêtu d'une patine d'un vert clair un peu rugueuse. Ces pièces ne sont jamais déformées. Sur le chantier des fouilles, j'ai vu des stucs exhumés de la veille. Une scène mythologique occupait le centre d'un panneau. Cette composition, encore imbue de l'humidité du sol, était aussi fraîche qu'au jour où le peintre, après avoir appliqué les dernières retouches, descendait de son échafaudage et se déclarait satisfait de son œuvre.

Pompéi est une mine d'or pour les archéologues et pour les artistes. Aussi l'ont-ils largement exploitée. Je ne saurais, dans les pages si courtes d'une lettre, entrer en concurrence avec les auteurs de ces nombreux volumes qui ont leur place dans toutes les grandes bibliothèques. Les albums de plans, de dessins, de chromolithographies en disent encore plus long que leurs chapitres. C'est en feuilletant tous ces ouvrages qu'il me sera donné de revoir l'ombre de Pompéi.

Et vous, cher ami, si vous êtes curieux d'apprendre le peu de choses que je retiendrai d'un charmant voyage, sachez que je suis tout prêt à vous en faire de vive voix de longues narrations. Je vais bientôt vous revoir et prolonger au coin du feu ces causeries, à bâtons rompus, qui ont leur excuse quand on parle, mais qu'on serait en droit de condamner dans une lettre. Je craindrais fort d'avoir trop écrit si mon juge n'était pas aussi mon ami.

A bientôt donc le plaisir de vous serrer la main. En attendant, je suis tout à vous.

DE NAPLES A MARSEILLE.

Je suis en plein Agen et vous me demandez encore, comme un dernier souvenir d'adieu à l'Italie, le récit de mon voyage en mer. Ce post-scriptum un peu tardif va prendre, je le crains, les proportions d'une dernière lettre. Lorsqu'il ne reste plus rien à voir, quand le souvenir seul hante notre esprit, sans diversion, on est facilement prolixe. Cela dure quelque temps, puis l'oubli prend sa grosse part et l'on devient muet. Nous cueillons dans le présent à pleines gerbes ; pour exploiter cette richesse, il faut bien l'étaler sur l'aire. Gare à la moisson dispersée ! Comme un souffle d'orage, quelques années la dévorent.

A Naples, je devais dire adieu à tous mes compagnons de voyage. Leur odyssée n'était point finie. Plus heureux, plus libres que moi, ils songeaient à Venise et je me dirigeais vers Marseille.

Un voyage en mer, c'était un de mes rêves.

L'*Amérique* est un paquebot français tout flambant neuf. Depuis quelques semaines, il a rompu sa chaîne, dans un chantier d'Irlande, pour tenter sa première traversée, aller et retour, de Marseille à Constantinople. En franchissant à vide le détroit de Gibraltar, balayé par la vague de la proue à la poupe, il a reçu le grand baptême des tempêtes. A ce moment critique, le pont sur lequel je m'installais sans crainte n'était pas habitable. C'est ainsi que l'on avait constaté que cette centaine de planches tenait bien à la mer.

Le départ devait avoir lieu à quatre heures. Je me réjouissais à l'idée de cotoyer les îles du golfe au soleil couchant, après avoir jeté un dernier regard sur Naples. Mais on embarquait cent cinquante barriques de vin du Vésuve, que nous boirons en France, sous des noms de fantaisie, après des manipulations équivoques. Un navire n'a pas l'exactitude d'un train de chemin de fer. Le vent était favorable et l'on affirmait, ce qui devait être vérifié, que nous gagnerions du temps sur une traversée de quarante-six heures. Lorsqu'on se mit à table, le navire était encore à l'ancre, la nuit tombait. J'avais eu le loisir de dévisager mes compagnons, équipage et passagers. Mon espérance était réalisée. Une société cosmopolite était à bord. J'avais deux jours pour l'étudier. Il faudra que je vous la fasse connaître.

Au départ, en pleine nuit, Naples éclairé au gaz avait l'aspect le plus vulgaire. On jugeait simplement de son contour et de ses limites. Les îles ne formaient que des masses noires indistinctes. Dans l'obscurité, ce sont des écueils, rien de plus. Mon attention se reportait fatalement sur la mer que l'hélice faisait blanchir et siffler dans l'ombre. Deux barques de pêcheurs étaient remorquées par le paquebot, un géant auprès d'elles. Ceux qui les montaient devaient gagner les dernières îles. Ils allaient faire en deux heures, non sans péril, un trajet qui, à force de voiles, par le temps le plus favorable, leur eût demandé tout un jour. Leur câble était court, et l'on voyait ces frêles coques de noix bondir, s'élevant et s'abaissant dans le sillage. Parfois une vague, brisée par l'avant, recouvrait d'une voûte d'eau les intrépides mariniers. Ils ne demandaient pas grâce. La barque la plus éloignée rompit son amarre par accident et disparut bientôt. Les secousses de la seule embarcation qui restât furent redoublées. Quelques uns de nos marins surveillaient en cas d'accident, et je commençais avec eux ma conversation : « N'y a-t-il pas un sérieux « danger pour ces pauvres gens? » — « Oui, leur câble est insuffi- « sant, puis ces barques ne sont pas construites pour filer douze ou « quatorze nœuds par heure comme *l'Amérique.* » — « Et si la bar- « que sombrait? » — « Il serait bien difficile de porter secours aux « pêcheurs Ils l'ont voulu. Le capitaine, qui est bon enfant, ne les « remorque que par complaisance, Si peu que ce soit cette queue « nous retarde. » Simple et courte philosophie! Tout à coup je vis la lueur d'un briquet piquer d'un point rouge cette barque où rien ne semblait devoir se tenir debout. Le pêcheur allumait sa pipe, ce qui prouvait suffisamment la tranquillité de son âme. Bientôt après il commanda de lâcher tout. La grosse corde retomba sans bruit dans l'abime. Quelques secondes encore et la barque était bien loin, invisible, à la grâce de Dieu.

Je fus le dernier à quitter le pont. J'étais grisé par la mer. Je pouvais l'admirer sans contrainte, car elle épargnait mon estomac. Le bercement du roulis et du tangage me semblait un charme de plus. Ne faut-il pas ce branle au navire, le berceau des hommes forts? La belle nuit! Le beau silence!

Je m'éveillai trop tard pour voir le lever du soleil, une faute que je devais racheter le lendemain. On longeait les côtes d'Italie à grande distance. Elles se perdaient dans la brume, à droite. A gauche, d'heure en heure, les îles succédaient aux îles, et toutes mes notions géographiques étaient en défaut. Un rocher de quelques hectares, inhabité, stérile, fait grand effet en mer. Il coupe la ligne horizontale infinie et fixe le regard. Vaut-il pour cela la peine de le noter sur d'autres cartes que celles de la marine, et de surcharger de son nom la mémoire déjà fourbue de nos écoliers? Je ne le pense pas. D'ailleurs, laissons quelque chose à l'imprévu. Dans le nombre de ces îles, il en est une qu'Alexandre Dumas a rendue célèbre. Tout le monde sur le pont se disait : Voilà Monte-Christo! Donc Monte-Christo existe. Cette constatation officielle me dispensera de lire un roman en plusieurs volumes.

Je passai longuement la revue des passagers. A l'arrière, une soixantaine de Napolitains, des émigrants, les uns partis seuls, d'autres emmenant toute leur famille. Une agence devait les conduire de Marseille au Havre, du Havre en Amérique. Ils quittaient leur pays, Naples paresseuse et riante, pour l'inconnu, des steppes, des bois à défricher, un désert, où l'on travaille dur, où l'on voit une génération succomber à la peine pour enrichir les fils et les petits-fils. Quelles que puissent être les séductions de l'avenir, qui donc ne regretterait pas un peu le passé? Notre vie se fait à un milieu; nous avons une patrie toujours aimée. Pour transplanter un arbre, il faut couper ses grosses racines. Il saigne. Le nouveau sol est-il bon ou mauvais, l'arbre guérit, grandit et fructifie, ou bien il meurt de sa blessure. Ainsi les hommes. Cette hardiesse des émigrants a lieu d'étonner, surtout quand on considère qu'elle est faite de confiance aveugle, qu'ils se décident d'après les promesses souvent décevantes de quelques hommes, et naviguent, roulent, marchent à tâtons. Assurément la science manquait à ces Napolitains. Quelle notion peuvent-ils avoir sur l'Amérique? Ils ignorent tout. L'un d'eux me proposa d'échanger contre de l'argent toutes ses économies, représentées par quelques chiffons de papier italien. C'étaient douze livres. On venait de lui apprendre que ces billets n'avaient cours ni en France ni en Amérique. Grande surprise, grande inquiétude. Je le rassurai en lui disant qu'il trouverait des changeurs à Marseille, mais qu'on ne lui donnerait que onze francs pour ses douze livres. Cette petite perte, qu'il eût subie même à Naples, le navrait.

Dans cette foule à demi inconsciente du grand changement qui allait s'opérer pour elle, étourdie du départ, je voyais de vieilles femmes, à l'air morne, accroupies sur leurs paquets de hardes, grignotant pour se distraire de maigres provisions de voyage; des jeunes hommes insouciants et décidés, comptant sur leurs bras. Une femme allaitait son nouveau-né, toute à ce devoir, sans chercher au-delà. Des enfants, parfois pensifs comme des hommes, étonnés, oubliaient tout par moment pour s'amuser et rire comme des enfants. A ceux-ci l'avenir.

On m'assurait que bon nombre de ces émigrants, séduits par les offres qui leur seraient faites à Marseille, s'arrêteraient tout simplement en France. Nos départements du littoral méditerranéen sont de plus en plus envahis par les Italiens, de même que les faubourgs des villes voisines des Pyrénées sont repeuplés par les Espagnols.

Les voyageurs de la seconde classe, venus de tous les points de l'horizon, étaient presque tous capables de causer dans notre langue. Je passe sur un Lyonnais marié à Naples — pour quel péché, grand Dieu ! — sur un autre compatriote, négociant en corail, balloté pour la dixième fois de Naples à Marseille et du Havre à New-Yorck, avec un éternel mal de mer. Malgré tout, entre deux crises, des boutades parisiennes, un souvenir du boulevard, quelques échappées de bonne humeur française.

Un citoyen d'Athènes échangeait avec tous, à propos de tout, ces grosses poignées de main qui ne coûtent rien, qui sont, paraît-il, le bonjour, le salut, l'entrée en conversation, la ponctuation, l'adieu et quelquefois toute la monnaie des habitués du Pirée. Ses petits yeux brillaient finement sous de profondes arcades sourcilières, contre-butées ou plutôt soutenues par un nez suffisamment large et rouge. Rien des frises du Parthénon. Il dit, il répète à tout propos, à chaque poignée de main, qu'il aime beaucoup la France. Il l'a prouvé en baptisant son navire, qu'il va rejoindre à Nantes, du nom le plus sonore de la démocratie française.

Une petite colonie juive, venant des environs Smyrne, comprenait les enfants gâtés du bord, trois jeunes filles de quatorze ans qui, après un concours des plus difficiles, ont obtenu des bourses pour l'Ecole normale israélite de Paris. Elles appartiennent à des familles pauvres. Après quelques années, elles rentreront dans leur pays pour être institutrices de première classe. Elles auront assuré leur avenir. A l'exception d'une, dont la figure joufflue est celle d'un grand bébé aux yeux noirs et vifs, aux cheveux noirs, elles sont loin d'être belles. Leurs traits sont durs. Leur gaieté est tempérée par le sérieux que donnent fatalement l'exagération du travail de tête et cette abstraction si pénible pour la femme qui poursuit un but à outrance. Elles parlent le plus pur français, et, comme je ne voudrais pas dans toute ma vie manquer une seule occasion d'être pédant, j'ai eu l'audace de les interroger sur la géographie de la France et la prudence de battre bien vite en retraite. Elles n'auraient pas bronché sur une sous-préfecture, sur la plus petite rivière, sur le chemin de fer le plus récent, tandis que moi?... C'était en 1858 que j'apprenais tout cela. Quelle leçon ! Battu par des écolières de Smyrne !

Une petite fille de six ans — on lui en eût donné trois — les accompagnait. Malingre, pâle, elle passait sa journée assise sur un rouleau de cordage, ouvrant ses grands yeux bleus pour regarder le ciel, les voiles du navire et suivre le vol rapide et tournoyant des mouettes aux ailes grises. Elle avait dit déjà un grand adieu à ses parents, la pauvre petite, et pourtant elle n'était point délaissée ; on l'entourait, on lui faisait mille signes et sans cesse, tout naturellement, le sourire lui venait aux lèvres. Un jeune homme, le père de l'une des grandes écolières, m'interrogeait avec intelligence sur Paris, où il allait tout joyeux terminer ses études. Je le questionnais sur l'Orient lui et le mentor de toute cette jeunesse, un homme âgé, à la figure grave, que je n'ai jamais vu rire. J'avais gagné sa confiance. Il me conta toute l'histoire des enfants remis à sa garde et de leurs familles. Cette causerie sur des choses pourtant bien simples m'intéressait plus qu'un roman. C'était vrai, et j'avais sous les yeux les personnages. Cette pauvre petite avait six aînés tous sourds-muets comme elle. Ses frères et ses sœurs, elle allait les retrouver à Paris. Celle-ci apprendrait bien vite, car son intelligence était vive. Une scène touchante me l'avait d'ailleurs révélé. Le mécanicien du bord est un gros homme, parlant fort en adoucissant ou plutôt un éliminant les *r* comme tout bon citoyen de Marseille. Lorsque ce géant sortait de l'antre brûlant où clapotait la machine, son plaisir, sa distraction de quelques minutes, était d'aller causer avec la petite. Je dis bien causer quoiqu'il n'y eût pas de phrases, pas de mots chargés des ces terribles *r*, mais à la place cette difficultés de faire comprendre des signes, une mimique. L'enfant devinait tout, ainsi que l'exprimaient le jeu de sa physionomie et ses réponses par gestes. Du cœur de ce brave homme à l'esprit de cet enfants il se faisait un échange d'idées. Ces étonnantes improvisations commençaient l'œuvre des continuateurs de l'abbé de L'Epée.

Avant la fin de la journée j'étais grand ami du mécanicien, qui me contait simplement ses voyages au long cours.

Le salon des premières classes était presque vide et son piano, grâces à Dieu, resta muet. Je n'y descendais que pour les repas. Le capitaine et le médecin du bord sont des hommes du monde, causant bien. Ce dernier, bon vivant, fredonne tous les soirs des opéras et des chansons. Deux anglais, qui ignorent notre langue, se morfondent en tête-à-tête. Ils cherchent à échanger quelques phrases avec moi. Quel effort ! Je suis vite à bout de mes vingt mots d'irlandais. Ceci demande une explication. Voici comment j'ai appris ou plutôt je n'ai pas appris l'irlandais :

Mon professeur était de la verte Erin, échoué, je ne sais comment, dans nos parages. Je crois le voir encore, correctement ficelé dans une redingote longue, les bras ballants, fort embarrassé de son rôle. De ce grand cylindre de drap noir émergeait une petite tête rouge, même très rouge, avec de grands yeux ronds qui faisaient saillie et roulaient terriblement de droite à gauche et de gauche à droite. Au reste, le meilleur homme du monde. Dans sa première leçon, il nous donnait la théorie des *O*, des *Mac* et des *Fitz*, les équivalents de notre particule nobiliaire *de*. Il paraîtrait, s'il faut l'en croire, que les *O*, les *Mac* et les *Fitz* se valent à peu près. Il y a cependant quelque chance pour que les *Fitz* soient préférables. Naturellement il était *Fitz*, Fitz P... La seconde leçon se passait à faire l'histoire de ses élèves, auxquels il n'avait pu apprendre sa langue. Un seul avait fait exception, mais aussi il était mort. Cet aussi n'était pas encourageant. De plus, en écoliers terribles, nous répétions une légende : Fitz P... avait un jour tenté d'avoir une conversation avec un véritable Anglais de Londres. En vain. Pas moyen de se comprendre, pas plus que de provençal à breton.

Voilà pourquoi je ne sais ni l'anglais ni l'irlandais. C'est parfois dommage. Un de mes compagnons pleurait toutes les larmes de ses yeux en prenant place sur l'*Amérique*. Une heure après il mangeait comme quatre. Sa douleur m'avait fait de la peine. Son appétit m'a consolé. J'aurais bien voulu causer *a little* avec lui de ses regrets touchants et de l'excellence des turbots à la sauce câpres.

Assurément, cher ami, comme tout le monde, vous vous êtes parfois ennuyé en chemin de fer. On compte les heures. Vous êtes muré. Le voisin silencieux — c'est convenu, c'est de bon ton — gêne plus souvent qu'il ne plait. Le paysage défile au galop, croisant ses lignes, dans l'embrasure de cette portière en guillotine qui vous dispense à la fois l'air respirable, le chaud ou le froid, et la poussière. C'est la contrainte, c'est la fatigue. En mer, vous êtes libre jusqu'à concurrence de cent pas. L'horizon magnifique, immobile, attire incessamment le regard sans le fatiguer jamais. Du ciel à plein dôme. De plus, c'est un devoir de vous lier avec vos compagnons de route. Tout un monde vous appartient. Si petit qu'il soit, Démocrite et Héraclite, peuvent chacun s'y faire un domaine. Vous trouverez là peut être un ami d'un jour. Comment s'ennuyer? Je ferais volontiers des voyages en mer, non pour le but à atteindre, mais pour le voyage lui-même.

Et, malgré ce charme, ce n'est pas sans émotion que je voyais se rapprocher les rives de France, resplendir au soleil les promontoires du Var, les iles d'Hyères, presque aussi belles que les îles de Naples, ces coteaux si variés qui dominent la mer en avant de Marseille, les uns parés de bruyères et de pins maritimes, les autres, arides, plongeant leurs roches calcaires toutes lumineuses dans l'eau sombre, enfin le port.

Marseille ! A ce mot, un grand mouvement se fit sur le pont. Plus d'ordre. Une heure avant de débarquer les Napolitains avaient chargé leurs effets sur leurs épaules et, debout, étudiaient curieusement ces bassins, cette ville si loin de Naples, le pays cherché ou la première étape d'un voyage vers l'inconnu. Les trois jeunes filles de Smyrne formaient un groupe animé. La France ! disait l'une en battant des mains, puis, voyant une de ses compagnes penchée sur le parapet, la tête appuyée sur ses bras : « Tu pleures. » — « Oui, tout « de même je suis contente. Mais je pense que nous sommes bien « loin. » Et la petite sourde-muette un peu oubliée, ouvrant plus largement ses yeux bleus, regardait, sans comprendre, du côté de cette terre de France qui doit lui donner une âme.

Agen. Imprimerie V⁵ Lamy.

www.ingramcontent.com/pod-product-compliance
Lightning Source LLC
LaVergne TN
LVHW020945090426
835512LV00009B/1710